JN080129

改訂版

保育者・教師の
フロンティア

伊藤　良高／大津　尚志
香﨑智郁代／橋本　一雄【編】

晃洋書房

は し が き

　近年、社会・経済等の変化や家庭・地域社会の変容に伴い、子どもの育ちと保育・教育をめぐる課題が複雑化・多様化するなかで、保育所・幼稚園・認定こども園等保育・教育施設（以下「保育施設」という）、小学校・中学校・高等学校等学校（以下「学校」という）の保育・教育力、組織力を高めていくことの大切さが唱えられている。

　例えば、中央教育審議会答申「チームとしての学校の在り方と今後の改善方策について」（2015年12月）は、「近年、グローバル化や情報化が急速に進展し、社会が大きく変化し続ける中で、複雑化・困難化した課題に的確に対応するため、多くの組織では、組織外の人材や資源を活用しつつ、組織の力を高める取組が進んでいる。こうした中で、学校においても、子供を取り巻く状況の変化や複雑化・困難化した課題に向き合うため、教職員に加え、多様な背景を有する人材が各々の専門性に応じて、学校運営に参画することにより、学校の教育力・組織力を、より効果的に高めていくことがこれからの時代には不可欠である」と述べている。また、厚生労働省「保育所保育指針解説」（2018年2月）は、2015年度から、子どもの健やかな成長を支援していくため、すべての子どもに質の高い教育・保育を提供することを目標に掲げる子ども・子育て支援新制度が施行されるといった動きのなかで、「保育所の役割や機能が多様化し拡大するとともに、そこで行われる保育の質についても、より高いものとなることを常に目指していくことが求められている。それに対応すべく、保育所の職員一人一人がその資質を向上させるとともに、保育所全体としての保育の質の更なる向上に取り組んでいく必要がある」と指摘している。

　これらにおいては、各々の背景やポイントとされるところに違いは見られるものの、保育・教育の質の向上に向け、保育施設または学校における保育・教育力、組織力の向上を重視している点で共通している。そこでは、「チーム（としての）学校」や「チーム保育」、あるいは、組織としてキャリア・パス等を見据えた「保育士等職員の資質向上」などをキーワードに、保育者・教師の専門性や保育施設・学校の運営組織、マネジメント機能、専門機関・地域社会との連携・協働体制のあり方が大きく問われている。

　本書は、こうした状況にあって、保育・幼児教育から中等教育までの段階における保育者・教師（保育士、幼稚園教諭、保育教諭、小・中学校等教諭等）の意義や役割・機能、職務内容、専門性などについて、理論的かつ実践的に考察しよう

とするものである。2015年度からの子ども・子育て支援新制度の施行や2017年度における「保育所保育指針」、「幼稚園教育要領」、「幼保連携型認定こども園教育・保育要領」、小・中学校等「学習指導要領」等の改訂（定）及び2018年度以降の順次施行を踏まえ、また、コロナ禍における保育・教育状況の変化や教職の過酷な労働実態に伴い、教員採用試験受験者の減少、教員免許更新制の廃止（2022年7月）と新たな教師の学びの姿の実現への動きなど保育・幼児教育から中等教育までの段階における新たな保育・教育理論と実践動向を盛り込みつつ、保育者・教師のあるべき姿や取り巻く状況、課題について提起している。

　本書の主な特徴として、①2019年4月入学者から適用されている「新幼稚園教職課程」「新保育士養成課程」の内容に対応している、②保育学、教育学のみならず、心理学、子ども家庭福祉学、法律学、経営学などの関連諸科学の知見を積極的に活用している、③読者の学びの便宜を考慮し、適宜、図や表、資料等をビジュアル的に駆使している、④歴史的な展開や諸外国の動向を踏まえ、歴史的、比較的にも考察することができる、など総合的かつ構造的な把握をめざしている。

　本書は、大学・短期大学・専門学校等において、保育者・教師をめぐる議論と動向について学んでいる学生諸君の授業テキストとして、また、現任保育者・教師のための研修テキストとして、さらには、保育者・教師をめぐる諸問題に関心を持っている一般市民の教養図書として編まれている。これまでに発行されている「フロンティアシリーズ」に追加される新たな一書として企画されたものであるが、若手、新進気鋭の編者及び執筆者を多数迎えるなかで、大変好評を博した旧著となる伊藤良高・大津尚志・香﨑智郁代・橋本一雄編『保育者・教師のフロンティア』（2019年4月）をさらにブラッシュアップしたものとなっているか否かは、賢明な読者諸氏の判断に委ねるしかない。今後、読者諸氏の建設的なご要望やご意見を賜りながら、さらなる改善に努めていきたいと考えている。本書が、これからの保育者・教師のあるべき姿を考え、それらを取り巻く諸問題の解決に向けての素材、ヒントともしていただけるなら、私たちの望外の喜びとするところである。

　最後になったが、厳しい出版事情のなかで、本書の出版を快諾された晃洋書房の萩原淳平社長、編集でお世話になった編集部の丸井清泰氏、校正でお手数をおかけした坂野美鈴氏に、心から感謝の意を表したい。

　　2023年1月28日

編者を代表して　伊 藤 良 高

目　　次

第1章　子どもの成長・発達と保育・教育

はじめに

　現代日本における総合的な子ども法である児童福祉法（1947年）は、「全て児童は、児童の権利に関する条約の精神にのつとり、適切に養育されること、その生活を保障されること、愛され、保護されること、その心身の健やかな成長及び発達並びにその自立が図られることその他の福祉を等しく保障される権利を有する」（第1条）と述べている。ここには、子どもの「幸福」の実現に向けて、その「心身の健やかな成長及び発達並びにその自立」などの権利が保障されることの大切さが示されている。しかしながら、ここでいう子どもの心身の健やかな育ちや自立をめぐる状況は、はたしていま、どのようになっているのであろうか。

　本章では、こうした視点にたって、現代日本における子どもの成長・発達とそれに資するべき保育・教育のあり方について考察していきたい。具体的には、まず、現代日本における子どもの成長・発達の状況について、データに基づきながら概観する。次いで、子どもの成長・発達における保育・教育の意義について考察する。そして、最後に、子どもの成長・発達における保育・教育をめぐる課題について指摘しておきたい。

1　子どもの成長・発達の状況

　現代日本における子どもの成長・発達の状況はどのようであろうか。子どもの育ちに関する状況を指し示すデータには各種のものがあるが、ここでは、国レベルのものとして、また乳幼児期から青年期（施策により、ポスト青年期）まで広く調査、考察の対象としているものとして、内閣府『令和4年版子供・若者白書』（2022年6月）を取り上げてみたい。

　同白書によれば、以下のような子どもの成長・発達の状況が提示されている。項目的に列挙すれば、① 近年、特に20代の若者において、朝食欠食率が高い、主食・主菜・副菜を組み合わせた食事を1日2回以上食べている人の割合が低いといった食生活の乱れが見られる（図1-1）。② 近年、学校以外の団体が行う自然体験活動への小学生の参加率は50％程度にとどまっている。③ 平成10年から始まった新体力テストの合計点は、全体的に向上傾向にあり、子どもの体力は横ばい又は向上傾向を示しているが、子どもの体力水準の高かった昭和50〜60年頃と比較すると、依然低い水準にある。④ OECD生徒の学習到達度調査2018年調査（PISA2018）では、学校におけるICTの利活用の状況がOECD平均に比して軒並み低いという状況にある。⑤ 肥満傾向児及び痩身傾向児の割合に増加傾向が見られる年齢層もあり（図1-2）、また20歳未満の者による飲酒、喫煙、10代の性感染症や人工妊娠中絶など、思春期特有の課題も見られる。⑥ 文部科学省国立教育政策研究所の調査によると、いじめの被害経験率が増加する傾向は見られないが、小学生の場合、約4〜5割が「仲間はずれ・無視・陰口」の被害を経験している。また、小学4年生が中学3

図1-1　主食・主菜・副菜を組み合わせた食事を1日2回以上
　　　　ほぼ毎日食べている人の割合

注）1．平成25年度は、本問についての調査は実施していない。
　　2．新型コロナウイルス感染症の感染拡大を踏まえ、令和2年度以降は調査方法を「郵送及びインターネットを用いた自記式」に変更して実施（令和元年度までは「調査員による個別面接聴取」）。
出所）農林水産省（平成27年度までは内閣府）「食育に関する意識調査」。

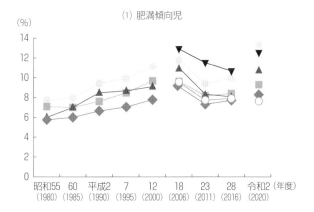

(1) 肥満傾向児

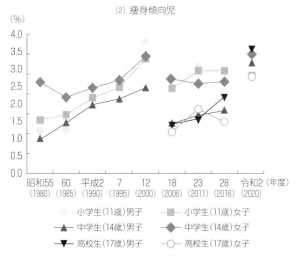

(2) 痩身傾向児

小学生(11歳)男子　　小学生(11歳)女子
中学生(14歳)男子　　中学生(14歳)女子
高校生(17歳)男子　　高校生(17歳)女子

図1-2　肥満傾向児・痩身傾向児の出現率

注）1．平成18年度から算出方法が変更となっている。
　　2．性別、年齢別、身長別標準体重から肥満度を算出し、肥満度が20%
　　　　以上の者が肥満傾向児、-20%以下の者が痩身傾向児。
　　3．高校生は平成18年度から調査されている。
　　4．新型コロナウイルス感染症の影響により、例年4月から6月に実施
　　　　される健康診断が当時年度末までの期間に実施することとなったた
　　　　め、本調査においても調査期間を年度末まで延長して実施。そのた
　　　　め、令和2年度の結果は過去の数値と単純比較することはできない。
出所）文部科学省「学校保健統計」。

年生になるまでの6年間で「仲間はずれ・無視・陰口」を経験しなかった（0回）児童生徒は被害経験で8.6％、加害経験で14.6％にとどまることから、多くの子どもが被害も加害も経験していると考えられる。⑦ 学校内における暴力行為の発生件数は、中学校で平成18年度以降急増した後、高水準が続いている。学校別で見ると、小学校における発生件数の増加が目立つ。警察における検挙・補導人員は、令和2年まで7年連続減少していたが、令和3年は前年より増加した。⑧ 15〜39歳の若年無業者の数は、令和3年で75万人であり、15〜39歳人口に占める割合は2.3％であった。⑨ 小学生・中学生の不登校児童生徒数は、平成25年度から令和2年度にかけて、8年続けて前年を上回っている。⑩ 社会環境が変化する中で、身近な地域に相談できる相手がいないなど、子育てが孤立化することにより、その負担感が増大している、などである。

　上述の状況について、同白書は、「子供・若者を取り巻く環境はそれぞれ異なり、ゆえに彼らが有する困難な状況もそれぞれ異なる。その困難は、経済的な困難、いじめ、不登校、ひきこもり、障害、虐待など、非常に多岐にわたるものであり、また、いくつかの困難が複合的にあらわれ、その困難を更に複雑なものとしているケースも見られる」と述べている。この指摘に代表されるように、現代日本における子どもの成長・発達の状況は、きわめて多岐にわたる懸念が表明されるとともに、その複合化と複雑化、さらには、深刻化や長期化が問題として挙げられている。[1)]権利としての子どもの「心身の健やかな成長及び発達並びにその自立」の実現、保障には程遠いのが現代日本の実情であるといわねばならないであろう。

2　子どもの成長・発達と保育・教育の意義

　子どもの成長・発達における保育・教育の意義とはいかなるものであろうか。以下では、保育・教育学における議論や現行保育・教育法令の諸規定を踏まえながら考察したい。

　これまで保育・教育とは何かについては、洋の東西などを問わず、実に多様な議論がなされてきたし、現在もなお続けられている。それらを整理し考察した中谷彪（なかたにかおる）に従って、いま仮に、保育・教育を「ある一定の価値に向かって、計画的意識的に、人間の成長と発達を図っていく営みである」[2)]と定義づけるならば、この定義中における「人間の成長と発達を図っていく」ということがその

中核的な要素となっている／ならなければならないといえよう。すなわち、保育・教育とは、まさしく1人1人の人間形成における成長と発達にかかるものである／あるべきである。ただし、中谷が指摘しているように、「『ある一定の価値』とは何かということであり、『計画的意識的に』とはどういうことであり、『人間の成長と発達を図る』とはどういう内容とするか」を常に問うていくことが求められるといえよう。

　子どもの成長・発達における保育・教育の意義について、現行保育・教育法令は、次のように規定している。例えば、教育基本法（2006年12月）は、教育の目的について、「教育は、人格の完成を目指し、平和で民主的な国家及び社会の形成者として必要な資質を備えた心身ともに健康な国民の育成を期して行われなければならない」（第1条）と定めている。また、それを受けて、教育の目標として、「幅広い知識と教養を身に付け、真理を求める態度を養い、豊かな情操と道徳心を培うとともに、健やかな身体を養うこと」（第2条第1号）など5つの項目を示している。次いで、学校教育法（1947年3月）は、幼稚園の目的について、「義務教育及びその後の教育の基礎を培うものとして、幼児を保育し、幼児の健やかな成長のために適当な環境を与えて、その心身の発達を助長することを目的とする」（第22条）と定め、それを踏まえて、幼稚園における教育の目標として、「健康、安全で幸福な生活のために必要な基本的な習慣を養い、身体諸機能の調和的発達を図ること」（第23条第1号）など、5つの項目を掲げている。さらに、児童福祉法は、保育所の目的について、「保育を必要とする乳児・幼児を日々保護者の下から通わせて保育を行う」（第39条第1項）と記している。同条における保育は、児童福祉施設の設備及び運営に関する基準（1948年12月）によって、子どもが「心身ともに健やかにして、社会に適応するように育成される」（第2条）ものであることが求められている。

　これらにおいては、保育・教育の目的及び目標について、「人格の完成」や「平和で民主的な国家及び社会の形成者」、「心身ともに健康な国民の育成」、「幼児の健やかな成長」、「心身ともに健やかにして、社会に適応するように育成」、「身体諸機能の調和的発達」などがそのキーワードとされていることが読み取れる。現行保育・教育法令上の規定として、平和で民主的な国家及び社会とのかかわりを含みつつ、子どもの心身の健やかな成長・発達を保育・教育の意義ととらえていることは肝要である。

　上記のような位置づけは、歴史的にいえば、近代以降の社会にあって、すべ

ての人間の尊厳が社会的スローガンとされるなかで、子どもについても同様に、その人格の尊重や人権の保障が唱えられるに至ったことや、国連・児童（子ども）の権利に関する条約（1989年11月）を契機に、国際法規範として、生命への固有の権利や発達の権利を出発点に、子どもの権利を包括的かつ具体的に保障しようとする動きがバックボーンとなっている。[4] 子どもは、父母、法定保護者をはじめとする大人からの特別な保護や配慮を必要とする存在であるとともに、１個の独立した人格と尊厳をもち、権利を享有し行使する主体として、社会における諸活動に参加していく存在である。保育・教育とは、こうした子どもの権利の中核をなすものとして、１人１人の子どもが自分らしく個性豊かに成長・発達していくことに資するものでなくてはならないといえよう。[5]

③　子どもの成長・発達と保育・教育をめぐる課題

では、子どもの成長・発達における保育・教育をめぐる課題とは何であろうか。以下では、３点指摘しておきたい。

第１点は、子どもの「幸福」（ウェルビーイング）の実現という視点から、子どもの成長・発達における保育・教育のあり方について、さらに考察していく必要があるということである。子どもの「幸福」とは何かについては多義的な議論が可能であるが、いまここで、「人間らしい人間となること」[6] と規定するならば、その一連の過程において保育・教育の果たす役割や機能はきわめて大きいといわざるを得ない。それは、保育でいえば、例えば、「乳幼児期は、生涯にわたる人間形成にとって極めて重要な時期である。保育所は、この時期の子どもたちの『現在』が、心地よく生き生きと幸せなものとなるとともに、長期的視野をもってその『未来』を見据えた時、生涯にわたる生きる力の基礎が培われることを目標として、保育を行う」[7] と記されているところである。また、その際留意されるべきは、「子どもの現在のありのままを受け止め、その心の安定を図りながらきめ細かく対応していくとともに、一人一人の子どもの可能性や育つ力を認め、尊重すること」[8] であろう。子どもの「幸福」の実現に向けて、保育・教育は、すべての子どもの可能性を引き出し、伸ばしていく、換言すれば、１人１人の子どもの発達の特性や発達過程に即した適切な支援（指導、援助）に努めていくということが求められるのである。

第２点は、上記の点とつながるが、子どもの「幸福」の実現という視点から、

子どもの成長・発達における保育・教育を基底的に支えるものとしての養護（保護）または福祉のあり方について、さらに検討していく必要があるということである。近年になってようやく、日本においても、子どもの「貧困」や若者の「貧困」に対する社会的関心が高まってきているが、そこにおいて重要であることは、人間形成において必須のものとしての生命・生存・生活保障という側面を視野に入れておかねばならないということである。そのことは、保育にあっては、例えば、「保育所における日々の保育は、養護を基盤としながら、それと一体的に教育が展開されていく[9]」、「保育所が、乳幼児期の子どもにとって安心して過ごせる生活の場となるためには、健康や安全が保障され、快適な環境であるとともに、一人の主体として尊重され、信頼できる身近な他者の存在によって情緒的な安定が得られることが必要である[10]」などのように、当然の事柄として述べられている。こうした考え方を教育の世界においても敷衍し、拡大していくことが求められるといえよう。実際に、子どもの貧困対策の推進に関する法律（2013年6月）は、その基本理念として、「子どもの貧困対策は、子ども等に対する教育の支援、生活の安定に資するための支援、職業生活の安定と向上に資するための就労の支援、経済的支援等の施策を、子どもの現在及び将来がその生まれ育った環境によって左右されることのない社会を実現することを旨として」（第2条第2項）講ずると記しており、子どもの成長・発達の土台となる生命・生存・生活支援を含み込んだかたちでの取り組みが不可欠である。

　そして、第3点は、子どもの「幸福」の実現という視点から、子どもの成長・発達を専門的に担うものとしての保育者・教師（集団）のあり方について、さらに考究していく必要があるということである。いつの時代や年代にあっても、保育者・教師のあり方について、種々な主張や議論が展開されてきたが[11]、近年では、現代における新たな教育課題に対応できる高い専門性と実践的な指導力などを十分に備えた教員が必要であるなどと提起されている。例えば、中央教育審議会答申「これからの学校教育を担う教員の資質能力の向上について――学び合い、高め合う教員育成コミュニティの構築に向けて――」（2015年12月）は、「学び続ける教員像の確立」をスローガンに、これからの時代の教員に求められる資質能力として、自律的に学ぶ姿勢を持ち、時代の変化や自らのキャリアステージに応じて求められる資質能力を生涯にわたって高めていくことのできる力や、常に探究心や学び続ける意識を持つとともに、情報を適切に収集し、選択し、活用する能力や知識を有機的に結びつけ構造化する力などを示し

ている。そして、「『チーム学校』の考えの下、多様な専門性を持つ人材と効果的に連携・分担し、組織的・協働的に諸課題の解決に取り組む力の醸成が必要である」と述べている。保育者にあっても同様に、例えば、厚生労働省「保育所保育指針解説」（2018年2月）では、「保育所に求められる機能や役割が多様化し、保育をめぐる課題も複雑化している。こうした中、保育所が組織として保育の質の向上に取り組むとともに、一人一人の職員が、主体的・協働的にその資質・専門性を向上させていくことが求められている」と指摘されている。こうした議論を踏まえながら、成長・発達の主体（当事者）である子どもを基点に、求められる保育者・教員像やその資質能力を模索し続けていくことが大切である。

おわりに

　子どもの成長・発達に資する保育・教育とは何か、また、どのようにあるべきか。その答えは、保育・教育の理念や目的、目標、内容、方法などが、子どもの「最善の利益」に適うものであるか否かによって決まってくるといえるであろう。このワードの意味するところは、一般に、「保護者を含む大人の利益が優先されることへの牽制や、子どもの人権を尊重することの重要性を表している[12]」と解されているが、児童福祉法が明記する通り、「全て国民は、児童が良好な環境において生まれ、かつ、社会のあらゆる分野において、児童の年齢及び発達の程度に応じて、その意見が尊重され、その最善の利益が優先して考慮され、心身ともに健やかに育成されるよう努めなければならない」（第2条第1項）のである。子どもの保育・教育を専門的に担う保育者・教師は、保護者とともに、その一翼を構成する重要なパートナーであることが期待される。

　　演習問題
　1．現代日本における子どもの成長・発達をめぐる状況について調べてみよう。
　2．子どもの成長・発達における保育・教育の意義についてまとめてみよう。
　3．子どもの成長・発達における保育・教育をめぐる課題について整理してみよう。

注
　1）参照：伊藤良高「子どもの権利の思想と展開」伊藤良高・牧田満知子・立花直樹編著

『現場から福祉の課題を考える／子どもの豊かな育ちを支えるソーシャル・キャピタル
　　──新時代の関係構築に向けた展望──』ミネルヴァ書房、2018年、13頁。

2 ）参照：中谷彪編著『資料　教育基本法の成立過程』タイムス、1985年、 2 頁。中谷彪
　　『教育基本法と教員政策』明治図書、1984年。

3 ）同上。

4 ）注 1 ）と同じ。

5 ）同上。

6 ）中谷彪「子ども・若者の幸福と努力──『幸福に生きる権利』とかかわって──」伊
　　藤良高・永野典詞・大津尚志・中谷彪編『子ども・若者政策のフロンティア』晃洋書房、
　　2012年、107頁。

7 ）厚生労働省「保育所保育指針解説」2018年 2 月。

8 ）同上。

9 ）同上。

10）同上。

11）参照：青木研作「教職の意義と教師の役割、資質・能力」伊藤良高・中谷彪編『教育
　　と教師のフロンティア』晃洋書房、2013年、97-99頁。

12）注 7 ）と同じ。

参 考 文 献

伊藤良高『保育制度学』晃洋書房、2022年。

伊藤良高編集代表『ポケット教育小六法』晃洋書房、各年版。

伊藤良高編著『教育と福祉の基本問題──人間と社会の明日を展望する──』晃洋書房、
　　2018年。

伊藤良高・伊藤美佳子『新版　子どもの幸せと親の幸せ──未来を紡ぐ保育・子育てのエッ
　　センス──』晃洋書房、2017年。

伊藤良高・伊藤美佳子編『乳児保育のフロンティア』晃洋書房、2018年。

伊藤良高・宮﨑由紀子・香﨑智郁代・橋本一雄編『新版　保育・幼児教育のフロンティア』
　　晃洋書房、2022年。

大津尚志・伊藤良高編『新版　教育課程論のフロンティア』晃陽書房、2018年。

日本保育ソーシャルワーク学会監修『保育ソーシャルワーク学研究叢書（全 3 巻)』晃洋
　　書房、2018年。

日本保育ソーシャルワーク学会編『改訂版　保育ソーシャルワークの世界──理論と実践
　　──』晃洋書房、2018年。

第2章　保育施設・学校を取り巻く状況と直面する課題

はじめに

　保育所・幼稚園・認定こども園等保育・教育施設（以下「保育施設」という）及び小学校・中学校・高等学校等学校（以下「学校」という）を取り巻く状況は、実にめまぐるしい。そのことについて、例えば、厚生労働省「保育所保育指針解説」（2018年2月）は、「保育所の役割や機能が多様化し拡大するとともに、そこで行われる保育の質についても、より高いものとなることを常に目指していくことが求められている」と述べている。また、中央教育審議会答申「これからの学校教育を担う教員の資質能力の向上について――学び合い、高め合う教員育成コミュニティの構築に向けて――」（2015年12月。以下「2015年中教審答申」という）は、「変化の激しい時代を乗り越え、伝統や文化に立脚し、高い志や意欲を持つ自立した人間として、他者と協働しながら価値の創造に挑み、未来を切り拓いていく力が求められる。子供たちに必要な資質能力を育成していくために、『学校』の意義を今一度捉え直していく必要がある」などと記している。

　本章では、現代日本における保育施設・学校を取り巻く状況と直面する課題について考察していきたい。そのために、まず、保育施設・学校を取り巻く状況について、それぞれ明らかにする。そして、それらを踏まえて、子どもの「幸福」の実現という観点から、保育施設・学校の直面する課題について指摘しておきたい。

1　保育施設を取り巻く状況

　保育・幼児教育の領域にあっては、特に2000年代以降、少子高齢化やグローバル化を背景に、規制緩和及びそのパラドックスとしての規制強化が織り交ぜられながら、さまざまな施策が展開されている[1]。

　すなわち、前者については、保育・幼児教育行政における国の事務事業の減量・簡素化や国庫補助負担金の廃止・削減等国の公的責任が大幅に縮減される動きのなかで、保育・幼児教育における競争原理の導入や多様な経営主体の市場参入が推し進められてきた。例えば、幼稚園における預かり保育等多様な保育サービスの充実や3歳未満児入園事業による2歳児入園の広がり、保護者による選択利用への保育所入所制度の転換、保育所定員の弾力化、児童福祉施設最低基準の見直し（短時間勤務保育士の導入、調理の業務委託など）、保育所への株式会社等民間企業の参入の容認・促進、保育所を設置する社会福祉法人による幼稚園設置の容認などが主な施策として挙げられる。

　また、後者については、保育・幼児教育のサービスの充実や公教育の質の向上という観点から、生きる力又は生涯にわたる人間形成の基礎や豊かな心と体を育成することが、保育・幼児教育の基本理念として強調されてきた。例えば、幼稚園における学校評価の導入・促進や保育所における苦情解決制度の導入、第三者評価事業の実施、幼稚園と保育所の連携・一体化、認定こども園の創設、厚生労働省「保育所保育指針」（2008年3月。以下、「保育指針」という）・文部科学省「幼稚園教育要領」（同。以下「教育要領」という）における教育機能の拡充や保育・教育内容における「道徳性（規範意識）の芽生え」、「生命及び自然に対する興味」、「相手の話を聞こうとする態度」の重視、「保育指針」の告示化・大綱化を契機とする「規範性を有する基準」としての性格の明確化、又は内閣府・文部科学省・厚生労働省「幼保連携型認定こども園教育・保育要領」（2014年4月。以下「教育・保育要領」という）の遵守義務化などが主な事柄として挙げられる。

　こうした動きをさらに加速化させることになろうものが、2015年4月にスタートした「子ども・子育て支援新制度」（以下、「新制度」という）である。同制度は、「子ども・子育て支援法」を核とする「子ども・子育て関連3法」を法的根拠として、幼児期の学校教育・保育、地域の子ども・子育て支援を総合的に推進することを目指すとされているが、そこでは、認定こども園、幼稚園、保育所を通じた共通の給付（施設型給付）及び小規模保育等地域型保育への給付（地域型保育給付）の創設や認定こども園の改善（幼保連携型認定こども園の改善等）、地域子ども・子育て支援事業の創設（地域子育て支援拠点、一時預かり等）などが主なポイントとなっている。新制度についてはさまざまな期待と批判が交錯しているが、「子ども・子育て支援法」における「教育」と「保育」の規定は、前者を「学校教育」（第7条第2項）、また、後者を「一時預かり」（第7条第3項）

と相異なる概念と捉えるともに、「保育」を「託児」と同義に位置づけるなど、すこぶる問題が多い。「幼児教育の振興」を錦の旗に、国家保育・幼児教育政策として、保育・幼児教育における小学校教育の準備機関化・下請け機関化を推し進めていこうとするものとなっている[2]。実際に、2017年3月に改定（訂）された「保育指針」「教育要領」「教育・保育要領」では、ともに、幼児教育において子どもたちに「育みたい資質・能力」（3項目）[3]及び「幼児期の終わりまでに育ってほしい姿」（10項目）[4]が提示されたが、小学校以降の教育や生涯にわたる学習とのつながりを見通すことが求められており、学校教育の始まりとしての幼児教育という側面がより強調される内容となっている。

　上述の動向の背景には、近年における国際的な研究成果などを根拠に、国レベルで、幼児教育の重要性に対する認識が広がっているという状況がある。例えば、中央教育審議会答申「第3期教育振興基本計画について」（2018年3月。以下、「2018年中教審答申」という）は、「近年、幼児期の教育がその後の学力や運動能力に与える影響や、大人になってからの生活への影響に関する研究が進展しており、幼稚園や保育所、認定こども園の区分や設置主体の違いに関わらず、全ての子供が健やかに成長できるよう、幼児期から質の高い教育を提供することの重要性が高まっている」と述べている。このように、幼児教育のさらなる質の向上がそのキーワードとされていることが読みとれる。

２　学校を取り巻く状況

　学校教育の領域にあっては、保育・幼児教育の領域に先立つ1990年代以降、「ゆとり」「個性」をキーワードに、「規制改革」「地方分権改革」をはじめとする構造改革の枠組みのなかで、公教育制度の新自由主義的再編成が企図され、「選択と集中」による競争力人材の効果的産出や公教育の市場化・商品化が推進されてきた。それは、必然的に、教育の私営化（プライバータイゼーション）をもたらし、私費負担・応益負担が拡大するなかで、教育の機会均等の理念は失われ、国際的にも高い子どもの貧困率などが示すように、出身階層による保育格差・教育格差が拡大している。こうした傾向に、さらに拍車をかける契機となったものが、2006年12月になされた教育基本法の全部改正であり、同法の下での教育政策及び教育実践の展開である[5]。佐貫浩は、これらの動向のマクロトレンドについて、① 国家、行政による教育目標設定、管理システムの形成、

② 教育基本法による「教育目標」の規定（第 2 条）、③ 新学習指導要領による教育内容支配、④ 学力テスト体制、⑤ 教育現場への PDCA サイクルの導入、⑥ 教育への成果管理主義の 6 つを掲げ、これらは、「市場的な競争システムを組み込んだ教育価値に対する強力な国家管理システムの形成を意味」するものであり、その狙いが、グローバル競争対応の学力形成と国家への国民統合の教育にあったと指摘している。このように、新自由主義教育政策は、学校現場への国旗・国歌や「ボランティア活動」の強制などを通じ、新保守主義と呼ばれる側面を内包しつつ、展開されている。

　教育基本法第17条第 1 項に基づいて策定されている「教育振興基本計画」には、近年における国家教育戦略の一端を垣間見ることができる。すなわち、第 1 期計画（2008年 7 月）では、「今後10年間を通じて目指すべき教育の姿」として、① 義務教育修了までに、すべての子どもに、自立して社会で生きていく基礎を育てる、② 社会を支え、発展させるとともに、国際社会をリードする人材を育てる、の 2 つが示され、前半の 5 年間に取り組むべき重点施策として、確かな学力の保障や豊かな心と健やかな体の育成、教育が子ども 1 人 1 人に向き合う環境づくりなどを掲げた。また、第 2 期計画（2013年 6 月）では、上記 2 つの姿の達成は「いまだ途上にある」と指摘し、より未来志向の視点に立った改善方策が必要であるとした。そして、「自立・協働・創造」をキーワードに「1 人 1 人が生涯にわたって能動的に学び続け、必要とするさまざまな能力を養い、その成果を社会に生かしていく」ことが可能な生涯学習社会をめざし、① 社会を生き抜く力の養成、② 未来への飛躍を実現する人材の養成、③ 学びのセーフティネットの構築、④ 絆づくりと活力あるコミュニティの形成の 4 つの基本的方向性を打ち出した。さらに、第 3 期計画（2018年 6 月）では、第 2 期計画で掲げられた理念を継承しつつ、2030年以降の社会の変化を見据えた教育政策の在り方が示されている。教育をめぐる状況変化として、① 子ども・若者をめぐる課題、② 地域コミュニティの弱体化、③ 家庭の状況変化、④ 教師の負担、⑤ 高等教育を取り巻く状況変化と課題の 5 つが掲げられ、うち、① に係るものとして、例えば、「学ぶことと自分の人生や社会とのつながりを実感しながら、自らの能力を引き出し、学習したことを活用して、生活や社会の中で出会う課題の解決に主体的に生かしていくという面に課題があると考えられる」、「将来の夢や目標を持っている児童生徒の割合が横ばいであることや、子供たちの自己肯定感が諸外国と比べて低いという調査結果がある」、「生徒指

導面での課題としては、暴力行為の発生件数、不登校児童生徒数は依然として相当数に上っており、また、いじめによる重大な被害が生じた事案も引き続き発生している」、また、④に係るものとして、「学校に求められる役割が増大し、教師に負担がかかっていることも指摘されている。OECD の調査では、我が国の中学校教師の授業時間は調査参加国の平均を下回っている一方、勤務時間は上回っている」、「献身的教師像を前提とした学校の組織体制では、質の高い学校教育を持続発展させることは困難となっている」などと叙述している。改正教育基本法の理念、目的、目標を踏まえ、「教育立国」の実現に更なる取組を進めていく必要があることを明示している点が特徴的である。

3 保育施設・学校の直面する課題

　では、保育施設・学校の直面する課題とは何であろうか。以下では、子どもの「幸福」の実現という観点から（第1章参照）、3点、指摘しておきたい。

　第1点は、保育施設・学校のあるべき姿を、理想的人間像としての「人格の完成」概念から捉えていくことが大切であるということである。現代日本の教育目的について、教育基本法は、「教育は、人格の完成を目指し、平和で民主的な国家及び社会の形成者として必要な資質を備えた心身ともに健康な国民の育成を期して行われなければならない」（第1条）と定めている。ここでの「人格の完成」概念がいかなるものであるかについては多義的な議論が可能であるが、ここでは、全部改正される以前の同法制定（1947年）当時の議論を想起し、「人格とは人間の諸性質、諸能力、諸要求の統一、調和のすがたである。人間の諸能力は常に発展してやまないものであるから、それらの開発、発展、調和、統一が完成である。教育はかかる『人格の完成をめざす』ものでなくてはならぬ」と捉えておきたい。そして、その具体的な在りようについては、「それぞれの人間の自己意思により、自己決定されていく性質のものであるといわねばならない」ものと考えておきたい。そのうえで、保育施設・学校は、1人1人の子どもの「人格の完成」に向けて、いかなる「諸性質、諸能力、諸要求」をどのように育てていく、若しくは支援していくことが求められているかを、（子ども自身とともに、）常に問い続けていくことが望まれるといえよう。

　第2点は、第1点と深くかかわるが、保育施設・学校のあるべき姿を、子どもの「教育（就学前にあっては、保育又は幼児教育。以下、同じ）を受ける権利」の

保障又は「教育の機会均等」の実現という側面から追究し実現していくことが
大切であるということである。周知のごとく、「教育を受ける権利」は、日本
国の最高法規である日本国憲法において基本的人権の1つとして明示されてい
るが（第26条）、子どもにとって、それが持つ意味は、殊の外大きいといわざる
をえない。なぜなら、教育は、子どもが生涯にわたって人間として成長・発達
していくために必要不可欠なものであるからである。このことに関して、例え
ば、2018年中教審答申は、「幼児期の教育は、生涯にわたる学びと資質・能力
の向上に大きく寄与するものであり、幼稚園・保育所等の全ての子供が質の高
い教育を受け、共通のスタートラインに立つことができるようにする必要があ
る。また、公教育の質を向上させるとともに、家庭の経済状況等にかかわらず、
高等学校にも、専修学校、大学にも進学できる環境を整えなければならない」
と述べているが、子どもが心身ともに健やかに成長・発達していく過程におい
て、保育施設・学校は、保育、教育の専門的な場（組織・制度）としての固有の
役割を果たしていくことが求められるといえよう。

　そして、第3点は、保育施設・学校のあるべき姿を、子どもの「生命・生存・
生活」の保障という側面からとらえ直し、それらを充実していくことが必要で
あるということである。近年、人間形成を取り巻く環境が多様化、複雑化する
なかで、教育と福祉のそれぞれの固有性とともに、相互の関係性や連続性、総
合性が問われている。それは、「教育と福祉の統一」、「教育と福祉のクロスオー
バー」などといった言い方で、両者の原理や実践を踏まえながら、新たに「教
育福祉」と呼べる世界を創造していこうとする動きが生まれている[9]。例えば、
2013年6月に制定された「子どもの貧困対策の推進に関する法律」は、その基
本理念として、「子ども等に対する教育の支援、生活の安定に資するための支
援、職業生活の安定と向上に資するための就労の支援、経済的支援等の施策を、
子どもの現在及び将来がその生まれ育った環境によって左右されることのない
社会を実現すること」（第2条第2項）を掲げており、子どもの貧困対策が総合
的に推進されていくことの大切さを提起している。2015年中教審答申は、これ
からの時代の学校像について、「『チーム学校』の考えの下、多様な専門性を持
つ人材と効果的に連携・分担し、組織的・協働的に諸課題の解決に取り組む力
の醸成が必要である」と述べているが、子どもの福祉に関する支援に従事する
スクールソーシャルワーカー（保育・幼児教育にあっては、保育ソーシャルワーカー）
をコアとした、子どもの「生命・生存・生活」の保障をめざす保育施設・学校

組織運営体制の確立が不可欠となっているといえよう。

おわりに

　教育基本法第3条は、生涯学習の理念について、「国民一人一人が、自己の人格を磨き、豊かな人生を送ることができるよう、その生涯にわたって、あらゆる機会に、あらゆる場所において学習することができ、その成果を適切に生かすことのできる社会の実現が図られなければならない」と定めている。「人生100年時代」といったワードが流布され、「100年という長い期間をより充実したものにするためには、生涯にわたる学習が重要である」[10]と叫ばれる状況のなかで、保育施設・学校は一体どこに向かっていくべきであろうか。その答えは容易いものではないが、少なくとも、1人1人の子どもが、生涯にわたって、その自己形成と自己実現を追求することに資するものでなければならないということだけは確かであろう。[11]子どもの「幸福」の実現という観点から、子ども、保護者、保育者・教師が主体となって、保育施設・学校のあるべき姿を模索し続けていくことが求められる。

　演習問題
　1．保育施設を取り巻く状況について調べてみよう。
　2．学校を取り巻く状況について調べてみよう。
　3．保育施設・学校の直面する課題について考察してみよう。

　注
　1）参照：伊藤良高「現代保育・幼児教育政策の動向と課題」伊藤良高編著『教育と福祉の基本問題──人間と社会の明日を展望する──』晃洋書房、2018年、89−90頁。
　2）同上。
　3）「3項目」とは、① 豊かな体験を通じて、感じたり、気付いたり、分かったり、できるようになったりする「知識及び技能の基礎」、② 気付いたことや、できるようになったことなどを使い、考えたり、試したり、工夫したり、表現したりする「思考力、判断力、表現力等の基礎」、③ 心情、意欲、態度が育つ中で、よりよい生活を営もうとする「学びに向かう力、人間性等」を指す。
　4）「10項目」とは、① 健康な心と体、② 自立心、③ 協同性、④ 道徳性・規範意識の芽生え、⑤ 社会生活との関わり、⑥ 思考力の芽生え、⑦ 自然との関わり・生命尊重、⑧

数量や図形、標識や文字などへの関心・感覚、⑨ 言葉による伝え合い、⑩ 豊かな感性と表現、を指す。

5 ）参照：伊藤良高「教育基本法全部改正が教育界にもたらしたもの」伊藤良高・大津尚志・永野典詞・荒井英治郎編『教育と法のフロンティア』晃洋書房、2015年、11-12頁。

6 ）佐貫浩「教育の『地域主権』と教育格差――小中一貫教育、学校選択制、学力競争に即して――」『日本教育法学会年報』第41号、有斐閣、2011年、112頁。

7 ）文部省『教育基本法説明資料』1947年 3 月。

8 ）参照：伊藤良高「人間形成と保育・教育――心身の健やかな発達を考える――」伊藤良高・下坂剛編『人間の形成と心理のフロンティア』晃洋書房、2016年、 8 頁。

9 ）伊藤良高編著前掲書、ⅰ-ⅱ頁。

10）人生100年時代構想会議「中間報告」2017年12月。

11）2019年末頃からの新型コロナウイルス感染症の世界的拡大は、日本においても多面的な影響を及ぼしている。保育、教育の領域でいえば、保育施設・学校の臨時休業・分散登校や各種行事の見直し、遠隔・オンライン教育を含む ICT の活用など様々な感染症対策が取られている。そのなかで、コロナ禍による経済格差や保育・教育格差の拡大など早急に対応すべき課題も明らかになっており、子どもの「幸福」の実現という視点から、子どもの健やかな育ちを社会全体で支えるための取り組みのあり方が問われている。

参考文献

伊藤良高『新時代の幼児教育と幼稚園――理念・戦略・実践――』晃洋書房、2009年。

伊藤良高『保育制度改革と保育施設経営――保育所経営の理論と実践に関する研究――』風間書房、2011年。

伊藤良高『増補版　幼児教育行政学』晃洋書房、2018年。

伊藤良高『保育制度学』晃洋書房、2022年。

伊藤良高・伊藤美佳子編『乳児保育のフロンティア』晃洋書房、2018年。

伊藤良高・牧田満知子・立花直樹編著『現場から福祉の課題を考える／子どもの豊かな育ちを支えるソーシャル・キャピタル――新時代の関係構築に向けた展望――』ミネルヴァ書房、2018年。

日本保育ソーシャルワーク学会編『保育ソーシャルワーカーのおしごとガイドブック』風鳴舎、2017年。

日本保育ソーシャルワーク学会編『改訂版　保育ソーシャルワークの世界――理論と実践――』晃洋書房、2018年。

日本保育ソーシャルワーク学会監修、伊藤良高・櫻井慶一・立花直樹・橋本一雄責任編集『保育ソーシャルワーク学研究叢書　第 3 巻　保育ソーシャルワークの制度と政策』晃洋書房、2018年。

第3章

保育者・教師観の変遷と求められる役割・資質能力

はじめに

　公教育制度が整備された近代以降、教師の使命も当然に公的性格を帯びることになった。フランスでは、19世紀後半から20世紀にかけて義務制と無償性を備えた公教育制度が整備され、政教分離原則を掲げる同国では、そこにさらに脱宗教化の原則も加わり、これら３つの原則を兼ね備えた公教育制度が確立された。この脱宗教化の要素の中には、教師の脱宗教化の原則もうたわれている。もとより、教育とは、子どもが人格を形成し能力を開花させる過程そのものである以上、教師の使命が公的性格を帯びるほどに、自ずと政治的・宗教的な中立性が求められることはいうまでもない。

　戦後の日本においては、教師がどこまで自由に教育できるのかという意味での教育の自由をめぐり教育裁判が展開してきた。学習指導要領や教科書検定制度が存在する日本において、国が定めた教育内容に教師はどこまで従い、またどこまで教師の裁量が認められるのかという点について、最高裁判所は、子どもに対する教育内容の決定は国が一定程度の権限を持つものの、教育方法等の点において教師にも一定の教育の裁量が認められるとの判断を下している[1]。日本国憲法に規定された子どもの教育を受ける権利を保障するための公教育制度は、国が一定の責任を担いつつ、教師は自らの専門性を活かして子どもの教育に一定の裁量を有するのであり、このことからも、教師には高い専門性と職業倫理観が求められていることがわかる。

　一方、今日の日本では、教師という職業のありようが改めて社会の注目を集めている状況にある。１つは、教育という営みが一定の時間を区切って業務の内外を区分することが難しい職業であることから、教師の業務の過酷さがクローズアップされている問題である。人口減少に伴う人手不足と一定の年齢層の大量退職といった社会状況も相まって、教師のなり手不足の問題が顕在化し

ている。また、2つには、学校や教師に寄せられる多様なニーズに教師がいかに応えうるかという問題である。家族形態の多様化や貧困問題など、今日の多様な家庭環境を背景として、家庭からの要求に学校や教師はどこまで応えることができるのかが問われており、これらはいずれも教師の職業観をめぐって議論が積み重ねられている論点である。

　他方、こうした教師観の変容に伴い、保育・幼児教育に携わる保育者像も自ずと変容が迫られている。その1つは、義務教育である小学校以降の教育とそれ以前の保育・幼児教育との連続・接続の重要性が一段と認識されるようになり、保育・幼児教育に携わる保育者の使命もまた、教師に重ね合わせて捉えられつつあるという点である。これは、保育者が小学校以降の教育との連続性を踏まえ、自らの保育・幼児教育を展開できるかという資質能力の問題と捉えることができる。また、2つには、これまで複線化されてきた日本の保育・幼児教育が、幼保一体化の流れの中、保育士や幼稚園教諭、保育教諭に共通の保育者像の確立が求められているという点である。

　本章では、こうした教師像、保育者像の議論の状況を踏まえ、その職業観と役割、資質能力について概観する。

1　保育者・教師観の変遷

　近代以降、学校が制度化され、将来の主権者を育成するという教師という職業も公的な使命を帯びることとなったことにより、自ずと中立性が求められるようになったことは前述したとおりである。その最たるものは、子どもに正しい知識や技能を伝達するための政治的中立性であり、政教分離原則を掲げる国では、さらに宗教的中立性もこれに加わる。また、公教育で扱われる知識や技能の内容は、一般に、教育行政（国）によって策定されるものであるため、その内容の是非をめぐって、戦後の日本では教師が教育行政との間で権限の画定が争われたこともある（注1の旭川学力テスト事件判決参照）。

　こうした教育行政との兼ね合いを踏まえるならば、日本における教師像には次の2つの側面を指摘することができる。1つは、教育行政が政治化することに対する抑止の使命であり、政治的な中立性を確保する役割である。教育行政の政治的な運用を避けるため、教師に一定の教育の自由が保障されることは、教育の政治化を避ける観点からも求められることになる。2つには、教師の裁

量の問題である。先述のように、日本では学校教育法（第34条等）において教科書使用義務が課されている他、教科書検定制度も存在し、教師の裁量は欧米諸国と比べても限定的である。そうした中央集権的な教育行政は、子どもにとっては居住地域や通学する学校に関わりなく、教育を受ける機会がひとしく保障されるという側面はあるものの、その線引きをめぐって争われたのが先の教育権論争であった。

　他方、保育者観については、以下の軌跡を確認しておく必要があろう。第1に、保育者とは保育士・幼稚園教諭・保育教諭等を包括する用語であることからもわかるように、保育者観には、それぞれ複線化した日本の保育・幼児教育それぞれのルーツがある点である。学校教育法に規定される幼稚園教諭、児童福祉法で規定される保育士といったように、ひとことに保育者といっても、それぞれの法律の理念に込められた保育者観は必ずしも一様ではなく、そうした複線型の保育・幼児教育の一体化を図るべく、2012年には就学前の子どもに関する教育、保育等の総合的な提供の推進に関する法律の一部を改正する法律の改正法（以下「改正認定こども園法」という）が制定され、幼保連携型認定こども園に勤務する保育教諭という職種が新たに創設された。

　そもそも、幼稚園は、1947年に学校教育法によって学校教育の一部として位置づけられ、同法における当初の目的は「幼児を保育し、適当な環境を与えて、その心身の発達を助長すること」（第77条）であった。これが2006年の教育基本法の改正を受け、「義務教育及びその後の教育の基礎を培うものとして、幼児を保育し、幼児の健やかな成長のために適当な環境を与えて、その心身の発達を助長すること」（学校教育法第22条）と改められ、小学校以降への接続が明確に打ち出されることとなる。また、保育所に関しては、「保育を必要とする乳児・幼児を日々保護者の下から通わせて保育を行う」児童福祉施設として、児童福祉法（第39条）によって規定されており、幼保連携型認定こども園の「子どもに対する学校としての教育及び児童福祉施設（略）としての保育並びにその実施する保護者に対する子育て支援事業の相互の有機的な連携」を図る（就学前の子どもに関する教育、保育等の総合的な提供の推進に関する法律第9条）とする目標は両者の要素を組み込んだものであることがわかる。

　教育学者の塩野谷斉は、幼稚園をはじめとする保育施設の機能として、①（乳）幼児の発達保障、②保護者の就労支援、③地域の子育て支援の3点を挙げる。2006年の教育基本法の改正によって幼児期の教育の重要性が改めて法律上明記

されたことにより、保育者には義務教育との接続の観点から教師に準ずる職業上の使命が課される一方、保育・幼児教育固有の職業上の使命にも応えうる資質能力が併せて求められているのである。

2　教師に求められる役割と資質及び能力

　2015年12月21日付の中央教育審議会（以下「中教審」という）の答申では、教師に求められる資質・能力を「不易の資質能力」と新たに求められる資質能力とに区分し、次のように規定している。すなわち、前者の「不易の資質能力」とは、使命感や責任感、教育的愛情、教科や教職に関する専門的知識、実践的指導力、総合的人間力、コミュニケーション能力等であり、自律的に学ぶ姿勢を持ち、時代の変化や自らのキャリアステージに応じて求められる資質能力を生涯にわたって高めていくことのできる力として説明されている[4]。これらは不易、つまり、いつの時代にも変わりなく求められる資質能力であるとされている。

　他方、上記の中教審答申に規定された教師像にはもう１つの要素がある。それは、次世代の社会の中核となる人材を育成する機能を持つ学校に寄せられるニーズは多様化しており、１人の教員がそのすべてに対応することは困難であることから、「チーム学校」の考え方の下、教員が多様な専門性を持つ人材と効果的に連携・分担し、チームとして組織的に諸課題に対応していく姿を描いた教師像である。ここでは、保護者や地域の力を学校運営に生かしていくことの重要性が唱えられている。教師にはそうした周囲の教職員や地域住民とのコミュニケーション能力、そして、それらを取りまとめるコーディネート能力が求められているものと見ることができる。

　家族の形態も多様化する今日、子どもの背景にある家庭環境もまた多様であり、学校に寄らせられるニーズは多種多様なものとなっている。教育学者の小野田正利の調査によって示された保護者の学校への「無理難題要求」の問題などが今日の日本社会で注目されてきたこともその証左といえる[5]。「チーム学校」の理念には、教師は自らの専門職性を高めつつ、周囲の教員と協働する能力を身につける意義が説かれているものと見ることができる。

③　保育者に求められる役割と資質及び能力

　教育基本法において、幼児期の教育が義務教育への接続の前段階としてその重要性が明記されていることは前述したとおりである。したがって、教師に求められる資質能力は、保育者にもそれに準じる資質能力が求められることとなる。幼稚園教育要領においては教師の役割が規定されており、その中には教師間の協力体制を築くことの重要性が謳われている。また、保育所保育指針においても「保育の質の向上に向けた組織的な取組」の必要性が明記されており、そのために必要な知識や技術、技能の修得が求められている。ここでは、保育士に求められる専門性として「子どもの最善の利益を考慮し、人権に配慮した保育を行うためには、職員１人１人の倫理観、人間性並びに保育所職員としての職務及び責任の理解と自覚」が求められている点も特筆される。保育士に求められている倫理観の具体的内容については全国保育士会倫理綱領として定められており、これは、保育士として求められる職業倫理の基準として示されたものではあるものの、その本質は、幼稚園教諭や保育教諭等、保育者全般に関わる職業倫理として読み込むことができる。

おわりに

　公教育制度が確立した近代以降、学校教育は、義務制・無償性の原則を備えたものとなり、義務教育であるがゆえにどのような思想や信条を持った子どもでも通うことができるように中立性が求められるようになった。また、学校において子どもに対しての教育を担う教師にも思想や信条といった事柄に対しての中立な立場が求められるようになり、それは子どもにひとしく教育を受ける権利を保障するための制度上の要請と見ることができる。幼児教育の重要性が広く認識され、多くの就学前の子どもが保育・幼児教育を受けた後に義務教育段階へと進むようになった今日、こうした公教育における教師観の要請は、保育者にも当然に求められる職業観といえよう。

　教育学者の伊藤良高が、保育者観とは「歴史的・社会的にとらえられるものであり、決して固定的であったり、画一的であったりする／してきたわけではない」と述べるように、保育者・教師観は、「不易の資質能力」を画一化して

想定されているものではなく、そこには時代の要請に応じた多様な資質能力が反映されることになる。

　今日の保育者・教師には社会の多様な価値を反映した多様なニーズが寄せられており、それに応え得る資質能力を培うとともに、同じ職場で働く教職員との協働の下で、チームとして対応することのできる資質能力が求められているものといえる。

演習問題

1．認定こども園が、制度上、幼稚園や保育所とどのように違うのか調べてみよう。
2．「先生とは〇〇な仕事」に当てはまる言葉を書き出し、書き出した言葉を周囲の友人と比較し、先生とはどのような仕事なのか考えてみよう。
3．全国保育士会倫理綱領をインターネットで検索し、そこで保育士にはどのような倫理観が求められているのかを調べてみよう。

注

1）旭川学力テスト事件最高裁大法廷判決（1976年5月21日）。
2）学校教育法において幼稚園は学校として位置づけられ、そこに勤務する幼稚園教諭等も教師といえるが、本章では、便宜上、義務教育以降の課程に携わる者を教師とし、それ以前の保育・幼児教育の課程に携わる者を保育者と呼称する。
3）塩野谷斉「幼稚園の理念と制度」伊藤良高他編著『新版　保育・幼児教育のフロンティア』晃洋書房、2022年、34頁。
4）文部科学省ホームページ参照（http://www.mext.go.jp/b_menu/shingi/chukyo/chukyo0/toushin/1365665.htm　2022年10月29日最終確認）。
5）小野田正利「学校への"無理難題要求"の急増と疲弊する学校現場――『保護者対応の現状』に関するアンケート調査をもとに――」『季刊教育法』第147号、2005年、16-21頁。
6）伊藤良高『増補版　幼児教育行政学』晃洋書房、2018年、99-100頁。

参 考 文 献

秋田喜代美・佐藤学編著『新しい時代の教職入門　改訂版』有斐閣、2015年。
伊藤良高・牧田満知子・立花直樹編著『現場から福祉の課題を考える／子どもの豊かな育ちを支えるソーシャル・キャピタル――新時代の関係構築に向けた展望――』ミネルヴァ書房、2018年。
汐見稔幸・大豆生田啓友著『保育者論（新しい保育講座2）』ミネルヴァ書房、2018年。

第4章
保育士・幼稚園教諭・保育教諭の養成、採用、研修

はじめに

　第3章で述べたとおり、教育に寄せられる多様なニーズ同様に、それに接続する保育・幼児教育においても様々なニーズが寄せられる中、人口減少や女性の社会進出の拡大及び男女共同参画社会の実現などを背景として、近年、都市部を中心に保育所、保育士不足の問題がクローズアップされてきた。その背景には、女性の社会進出の拡大に伴う共働き家庭の増加等によって保育所等のニーズが増加する一方、保育士資格を有する求職者数はほぼ横ばい状況にあり、需要と供給の不均衡がその最たる要因であった。2022年に厚生労働省が公表した調査結果によれば、2013年以降、幼保連携型認定こども園等の増加と少子化の影響により保育所等に入所できない「待機児童」問題は次第に解消されつつある状況を読み取ることができる（図4-1～図4-4、表4-1）。

　こうした保育所等の増加に伴う保育士等の人材の育成を始めとし、厚生労働省や文部科学省は、保育士・幼稚園教諭等の確保に向けた対策を講じてきた。保育士不足が生じる要因には、単に保育ニーズが急増したというだけでなく、現状において、保育者が中長期的にキャリアパスを描きづらい職業であることもその一因となっている側面も否定できないところである。

　本章では、こうした職業としての保育者をめぐる近年の社会的背景を踏まえ、保育士・幼稚園教諭・保育教諭の養成、採用及び研修の現状と課題について概観する。

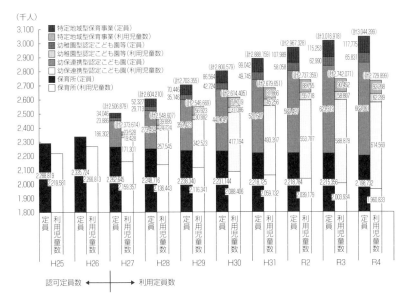

図 4 - 1　保育所等定員数及び利用児童数の推移

注）厚生労働省保育所等関連状況取りまとめ（令和 4 年 4 月 1 日）及び「新子育て安心プラン」集計結果
（https://www.mhlw.go.jp/stf/newpage_27446.html　2022年10月29日最終確認）。

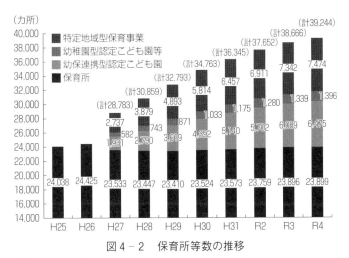

図 4 - 2　保育所等数の推移

出所）図 4 - 1 に同じ。

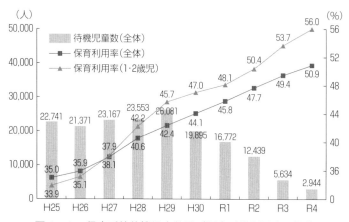

図4-3　保育所等待機児童数及び保育所等利用率の推移

出所）図4-1に同じ。

表4-1　保育所等の利用定員・利用児童数等の状況

	保育所等数		利用定員数		利用児童数		定員充足率
令和2年	37,652カ所		2,967,328人		2,737,359人		92.2%
	保育所等	29,461カ所	保育所等	2,801,281人	保育所等	2,592,886人	
	幼稚園型認定こども園等	1,280カ所	幼稚園型認定こども園等	58,058人	幼稚園型認定こども園等	55,718人	
	地域型保育事業	6,911カ所	地域型保育事業	107,989人	地域型保育事業	88,755人	
令和3年	38,666カ所		3,016,918人		2,742,071人		90.9%
	保育所等	29,985カ所	保育所等	2,838,675人	保育所等	2,592,812人	
	幼稚園型認定こども園等	1,399カ所	幼稚園型認定こども園等	62,990人	幼稚園型認定こども園等	58,807人	
	地域型保育事業	7,342カ所	地域型保育事業	115,253人	地域型保育事業	90,452人	
令和4年	39,244カ所		3,044,399人		2,729,899人		89.7%
	保育所等	30,374カ所	保育所等	2,860,793人	保育所等	2,575,402人	
	幼稚園型認定こども園等	1,396カ所	幼稚園型認定こども園等	65,831人	幼稚園型認定こども園等	62,289人	
	地域型保育事業	7,474カ所	地域型保育事業	117,775人	地域型保育事業	92,208人	

出所）厚生労働省「保育所等関連状況取りまとめ（令和4年4月1日）」(https://www.mhlw.go.jp/content/11922000/000979606.pdf　2022年10月29日最終確認）。

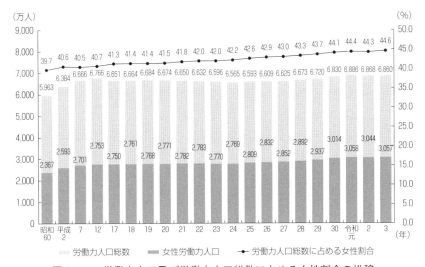

図4－4　労働力人口及び労働力人口総数に占める女性割合の推移

注）厚生労働省　令和3年版働く女性の実情（https://www.mhlw.go.jp/bunya/koyoukintou/josei-jitsujo/21.html　2022年10月29日最終確認）。

1　保育士・幼稚園教諭・保育教諭の養成

　保育者とは、第3章で述べたとおり、保育士・幼稚園教諭等の保育・幼児教育を担う職種の総称であり、その免許・資格の取得に際してもそれぞれの養成課程は独立した枠組みとなっている。2012年の就学前の子どもに関する教育、保育等の総合的な提供の推進に関する法律（以下、「改正認定こども園法」という）の改正によって新たに保育教諭が保育者の職種の1つとして規定された。その資格の要件は幼稚園教諭免許と保育士資格を併有することとされており（同法第15条第1項）、幼稚園教育要領、保育所保育指針とともに、幼保連携型認定こども園教育・保育要領においても教育・保育の目標の共通化が図られている。

　日本では、これまで、保育・幼児教育が、保育所や幼稚園といった法的背景や監督官庁も異なる複線化した制度設計がなされてきたことから、保育者となるための免許・資格も、保育所においては保育士、幼稚園においては幼稚園教諭といったように、それぞれの保育・幼児教育を担う機関に応じた別個のものとして取り扱われてきた。それゆえ、大学・短期大学等において免許・資格を

取得するための保育者養成の課程も制度上は異なるものとして規定されている。

　大学・短期大学等の保育者養成課程においては、現状、幼稚園教諭免許と保育士資格の両方を取得するのか、いずれか一方を取得するかは学生に選択の余地があるものの、保育者養成課程においては、幼稚園教諭免許と保育士資格を取得するために必要な単位は共通する内容であることも多く、現実には、同一科目を相互に読み替え可能な科目として位置づけるなどして、幼稚園教諭免許・保育士資格の双方を取得することができるカリキュラムを組むことが可能である。とりわけ短期大学などにおいて一般的な2年間の在学期間で幼稚園教諭免許・保育士資格の両方の取得を目指す場合、相互に読み替えのできない所定の実習等は免許・資格毎に別個の単位を修得する必要があることから、短期大学を卒業するために必要な単位数（62単位）の倍以上の単位の取得が求められることもある。

　なお、改正認定こども園法の施行に際し、それまで幼稚園教諭免許又は保育士資格のいずれかしか保有しない者への移行措置として、2025年度末まではいずれか一方の免許・資格で認定こども園に保育教諭として勤務することができることとされている他、この移行期間中に保育者養成校等において所定の単位を修得するなどした場合、現段階で保有していないもう一方の免許・資格を取得できる特例措置が講じられている。

2　保育士・幼稚園教諭・保育教諭の採用

　こうした保育者養成課程の卒業生が保育士・幼稚園教諭等として保育所、幼稚園等に勤務することになるわけであるが、2022年に厚生労働省が公表した保育士の求人・求職件数は以下のとおりである（図4-5）。

　上記の厚生労働省の調査結果によれば、2007年からの5年間で保育所に勤務する保育士の数はほぼ横倍である一方、有効求人倍率は概ね2.0倍を超えており、依然として保育士不足の状況を読み取ることができる。また、資格を保有しながら保育士として勤務していない潜在保育士も70万人以上いるとも報告されており、厚生労働省はこうした保育士不足の状況に対応するため、保育士の処遇改善等の取り組みを引き続き講じている。

　保育士不足の問題は、求める人材がほぼ共通であるという点において幼稚園教諭の不足の問題としても波及しており、この点、幼稚園を所管する文部科学

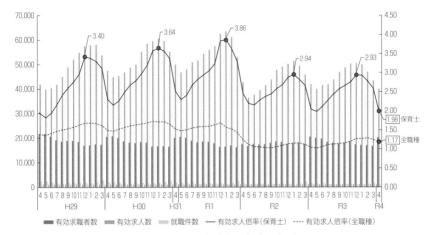

図 4 − 5　保育士の有効求人倍率の推移（全国）

注1）保育士の有効求人倍率について、各年度の最も高い月の数値を記載している。

注2）全職種の有効求人倍率は、実数である。

出所）厚生労働省の以下のサイトを参照（https://www.mhlw.go.jp/content/R2.11..pdf　2022年10月29日最終確認）。

省も幼稚園の人材確保支援事業に乗り出すなど[1)、保育・幼児教育における採用をめぐる問題は、今日、職業としての保育者の人材確保の問題として顕在化している。

③　保育士・幼稚園教諭・保育教諭の研修

　現状、保育士を始めとする保育者の早期離職問題の背景の1つには、保育者としてのキャリアパスを描きづらいという課題がある。幼稚園や保育所などで実施される研修は、幼稚園連盟や保育士会などの各職能団体が実施する研修であることが多く[2)、かつ、それが保育者としての評価や昇給等には必ずしも結びついていないという状況がかねてより指摘されてきた。この結果、経験年数を積んだ保育者がその経験に応じたキャリアパスを獲得していくことができず、一定の年齢に達した段階で退職し、経験を積んだ中堅以上の保育者の養成という問題も保育者の人材確保をめぐる課題の1つとして挙げられてきたところである。

　この点、学校教育法では、幼稚園には、園長、教頭及び教諭の職務を置く

ことが義務づけられており（第27条）、さらに、副園長、主幹教諭、指導教諭、養護教諭、栄養教諭等の身分が規定されている。他方、保育所においては、厚生労働省令である児童福祉施設の設備及び運営に関する基準によって、保育士、嘱託医、調理員の３職種が置かれることが定められているのみで、いわゆる主任保育士等の身分は法令上必置とはされていない。認定こども園においては、園長及び保育教諭を置くことが必須であり、副園長、教頭、主幹保育教諭、指導保育教諭、主幹養護教諭、養護教諭、栄養教諭等が置くこととされ（改正認定こども園法第14条第１項及び第２項）、幼稚園に準じる形で規定されているなど、保育者の法令上の職業における身分も一様ではないことがわかる。

　このような状況の中、厚労省は「保育士のキャリアパスに係る研修体系等の構築について」とする報告書を発表した。この報告書においては、経験年数に応じた職能ごとの研修のあり方が提言されている[3)]。例えば「乳児保育」、「幼児教育」、「障害児保育」、「食育・アレルギー対応」、「保健衛生・安全対策」及び「保護者支援・子育て支援」の６分野のリーダー的職員育成のための研修が必要であるとされており、リーダー的職員として一定の経験を経て、主任保育士の下でミドルリーダーの役割を担う立場の保育士に対し、マネジメントやリーダーシップに関する研修が必要であることを示されている点など、保育士の中長期的かつ段階的なキャリアパスが具体的に明示されている。

　こうした保育士のキャリアパス形成に向けた提言が、今後の保育者のキャリアパス形成の一里塚となるためにはなお多くの課題を克服する必要がある。第１に、幼稚園教諭や保育士といった複線型の保育・幼児教育の制度の下では、先に述べたように保育者の研修がそれぞれの職能団体等によって職種毎に実施されることが多く、幼保一体化の流れの中、職種をまたいだ研修にもとづき、相互に通用する保育者共通のキャリアパスのあり方が模索される必要がある。また、第２には、研修の受講内容や勤務年数、勤務実績に応じて保育者の待遇を改善することにより早期の離職を防ぎ、キャリアパスを得る動機づけとして位置づけることも必要である。

　なお、内閣府等が2017年度より保育士等の技能・経験に応じた処遇改善の施策が実施されており、職能団体等によってキャリアアップ研修等の実施が図られている。こうした取り組みにより保育者の人材確保と保育・幼児教育の拡充が期待されている。

おわりに

　保育ニーズの多様化とともに、保育の量的拡大が求められる中、保育者養成もまた大きな転換点を迎えている。それは、1つに保育ニーズの多様化に対応しうる保育者養成という課題であり、免許・資格の取得に必要な授業科目あるいはその他の教育活動の中でこうした要請に対応できる保育者養成課程の構築が求められている。他方、2つには、少子高齢化と人口減少という社会構造の変化の中で保育者不足の状況が露見し、保育者としての免許・資格を取得する学生に、いかに保育・幼児教育に携わる職業上の魅力を伝え、専門職としての職業倫理を身につけさせ、早期離職を防ぐのかが保育者養成上の課題としても位置づけられている。大学・短期大学等の保育者養成校は地域の保育・幼児教育現場との緊密な連携の下、卒業後のリカレント教育を担うなど、現場との一体的な保育者養成の取り組みが今後一層求められることになろう。

　加えて、日本では、保育者養成校に対し、文部科学省が幼稚園教諭養成課程を認定し、厚生労働省が保育士養成課程を認定することとして、国レベルでの保育・幼児教育の質保証の取り組みが目指されてきた。たしかに、中央官庁が保育・幼児教育の行政監督を担うことは子どもの保育・教育を受ける権利をひとしく保障し、その質保証を担うという意義を有する一方、保育者養成校においては、所定の教育課程を前提としつつも、独自の教育をいかに盛り込み、地域固有のニーズ等に対応した特色ある保育者養成を実現できるのかが改めて問われている点も見過ごすことはできない。この点からも、保育・幼児教育の現場と保育者養成校とが一体となって保育者を養成し、見守り続ける関係の構築がなお一層求められている。

演習問題

1．「待機児童」とはどのような子どものことを意味するのか調べてみよう。
2．どのような環境が整えば潜在保育士が保育の現場に復帰できるか話し合ってみよう。
3．出身園や近隣の園のホームページをインターネットで検索し、幼稚園や保育所にはどのような職種の人が働いているのか調べてみよう。

注

1） 文部科学省ホームページ参照（http://www.mext.go.jp/a_menu/shotou/youchien/
   1396677.htm　2022年10月29日最終確認）。

2） 山口美和「保育者の資質・能力と養成・研修」伊藤良高他編『新版　保育・幼児教育
   のフロンティア』晃洋書房、2022年、103-107頁参照。

3） 厚生労働省ホームページ（https://www.mhlw.go.jp/stf/seisakunitsuite/bunya/0000
   154083.html　2022年10月29日最終確認）。

参 考 文 献

伊藤良高『増補版　幼児教育行政学』晃洋書房、2018年。

日本保育学会編『保育学講座4　保育者を生きる：専門性と養成』東京大学出版会、2016年。

水野浩志・民秋言・久保いと『戦後保育50年史　第3巻　保育者と保育者養成』日本図書
　　　センター、2014年。

第5章

保育士・幼稚園教諭・保育教諭と保育実践

はじめに

　近年の少子化、核家族化、都市化といった社会状況のさまざまな変化は、家庭や地域、ひいては子どもの育ちに大きな影響を与えている。子ども同士が集まり、一緒に時間を過ごし、時には葛藤しながらもさまざまな体験ができる場が次々と消失してきているといってよい。保護者にあっても、身近に悩みや心配ごとを相談する場がなくなり、子育ての孤立化を引き起こしている一因となっている。そのようななかにあって、保育所、幼稚園、幼保連携型認定こども園（以下、認定こども園と略）は、保育が必要な子どもへの保育及び教育を実施し、子どもが育っていく場として重要な役割を担ってきている。本章では、2018年4月に改定（訂）された保育所保育指針（以下、「保育指針」と略）、幼稚園教育要領（以下、「教育要領」と略）、幼保連携型認定こども園教育・保育要領（以下、「教育・保育要領」と略）を基に、今求められる保育実践とはいかなるものか、そしてそれを支える保育士、幼稚園教諭、保育教諭の専門性とは何かについて検討していきたい。

1　保育所・幼稚園・認定こども園に求められる保育実践

　児童福祉法（1947年）において保育士とは、「保育士の名称を用いて、専門的知識及び技術をもつて、児童の保育及び児童の保護者に対する保育に関する指導を行うことを業とする者」（第18条の4）である。また、幼稚園教諭は学校教育法（1947年）において「幼児の保育をつかさどる」（第27条第9項）者であり、保育教諭とは、就学前の子どもに関する教育、保育等の総合的な提供の推進に関する法律（2006年）において、「園児の教育及び保育をつかさどる」と定められている。すなわち、これら保育士、幼稚園教諭、保育教諭は、子どもに対し

て、保育に関する知識や技術を駆使しながらその育ちを支える専門職であるといえる。

　では、ここでの保育及び教育とはどのような内容を指すのであろうか。保育指針「第1章総則　1保育所保育に関する基本原則（2）保育の目標」には、「保育所の保育は、子どもが現在を最も良く生き、望ましい未来をつくり出す力の基礎を培うために、次の目標を目指して行わなければならない」として、以下の内容が挙げられている。すなわち、「（ア）十分に養護の行き届いた環境の下に、くつろいだ雰囲気の中で子どものさまざまな欲求を満たし、生命の保持及び情緒の安定を図ること。（イ）健康、安全など生活に必要な基本的生活習慣や態度を養い、心身の健康の基礎を培うこと。（ウ）人との関わりの中で、人に対する愛情と信頼感、そして人権を大切にする心を育てるとともに、自主、自立及び協調の態度を養い、道徳性の芽生えを培うこと。（エ）生命、自然及び社会の事象についての興味や関心を育て、それらに対する豊かな心情や思考力の芽生えを培うこと。（オ）生活の中で、言葉への興味や関心を育て、話したり、聞いたり、相手の話を理解しようとするなど、言葉の豊かさを養うこと。（カ）さまざまな体験を通して、豊かな感性や表現力を育み、創造性の芽生えを培うこと」である。（ア）は養護に関わる目標であり、（イ）から（カ）は領域として「健康」「人間関係」「環境」「言葉」「表現」の5領域の目標となっている。そして、保育所にあっては、この養護と教育を一体的に展開していくことが求められている。

　一方で、教育要領、教育・保育要領を見ると、教育の側面である5領域については、幼稚園の目標並びに、認定こども園の教育及び保育の目標にも示された共通となっているものの、養護という文言は見当たらない。しかし、教育要領「第1章総則第1　幼稚園教育の基本」において、「教師は、幼児との信頼関係を十分に築き、幼児が身近な環境に主体的に関わり、環境との関わり方や意味に気付き、これらを取り込もうとして、試行錯誤したり、考えたりするようになる幼児期の教育における見方・考え方を生かし、幼児と共によりよい教育環境を創造するように努めるものとする」と述べられ、重視する事項として、「1人1人の特性に応じ，発達の課題に即した指導」を行うことが示されている。また教育・保育要領解説のなかでは、認定こども園における教育及び保育の目標を実施する上での重要事項として、「『安心感と信頼感をもっていろいろな活動に取り組む体験を十分に積み重ねられるようにすること』、乳幼児期にふさ

わしい生活が展開されるようにすること』、『遊びを通しての総合的な指導が行われるようにすること』、『園児 1 人 1 人の特性や発達の過程に応じた指導が行われるようにすること』」が記載されている。すなわち、幼稚園、認定こども園にあっても、幼稚園教諭、保育教諭が子ども 1 人 1 人の発達段階を踏まえ、子どもが安心して活動に向かえるような情緒的な関わりを行っていくことが教育の基盤として求められていると言えよう。

　さらに、2016年中央教育審議会答申「幼稚園、小学校、中学校、高等学校及び特別支援学校の学習指導要領等の改善及び必要な方策について」において、「幼児期における語彙数、多様な運動経験などがその後の学力、運動能力に大きな影響を与えるという調査結果などから、幼児教育の重要性への認識が高まっている」こと、そして「幼稚園のみならず、保育所、認定こども園を含めたすべての施設全体の質の向上を図っていくことが必要になっている」ことが指摘された。それを反映した形で、2018年改定（訂）の保育指針、教育要領、教育・保育要領において、3 歳以上の子どもについての幼児教育の共通化が図られ、幼児教育を行う施設として共有すべき事項として、「育みたい資質・能力」の「知識及び技能の基礎」「思考力、判断力、表現力等の基礎」「学びに向かう力、人間性等」の 3 つの柱が示された。そして、「幼児期の終わりまでに育ってほしい姿」（10の姿）が追記された。つまり、そこに保育所、幼稚園、認定こども園が幼児教育を実施し、これまで以上に小学校との接続を重視する役割が新たに明示されたのである。

2　保育士・幼稚園教諭・保育教諭の保育実践にあたっての専門性

　ここでは、保育士、幼稚園教諭、保育教諭の保育実践に求められる専門性について押さえておこう。保育指針解説では、保育士に求められる専門性として、「① これからの社会に求められる資質を踏まえながら、乳幼児期の子どもの発達に関する専門的知識を基に子どもの育ちを見通し、1 人 1 人の子どもの発達を援助する知識及び技術、② 子どもの発達過程や意欲を踏まえ、子ども自らが生活していく力を細やかに助ける生活援助の知識及び技術、③ 保育所内外の空間やさまざまな設備、遊具、素材等の物的環境、自然環境や人的環境を生かし、保育の環境を構成していく知識及び技術、④ 子どもの経験や興味や関心に応じて、さまざまな遊びを豊かに展開していくための知識及び技術、⑤

子ども同士の関わりや子どもと保護者の関わりなどを見守り、その気持ちに寄り添いながら適宜必要な援助をしていく関係構築の知識及び技術、⑥ 保護者等への相談、助言に関する知識及び技術の６点」が示されている。なかには、保育所内の保育実践だけでなく、子育て支援に関わる内容も見受けられるが、保育士はこのような専門的知識及び技術を適切に用いながら保育実践をしていくことが求められているのである。

　一方、幼稚園教諭、保育教諭ではどうだろうか。保育教諭課程養成研究会は、2002年の幼稚園教員の資質向上に関する調査研究協力者会議報告「幼稚園教員の資質向上について――自ら学ぶ幼稚園教員のために――」、及び2004年文部科学省研修資料「新しい先生とともに」を基にしたガイドブック「幼稚園教諭・保育教諭のための研修ガイド――質の高い教育・保育の実現のために――」[2]のなかで、幼稚園教諭及び保育教諭に求められる専門性として、次の９つを挙げている。すなわち、① 幼児理解・総合的に指導する力、② 具体的に教育及び保育を構想する力・実践力、③ 得意分野の育成、教職員集団の一員としての協働性、④ 特別な教育的配慮を要する園児に対する力、⑤ 小学校との連携及び小学校教育との接続を推進する力を推進する力、⑥ 保護者及び地域社会との関係を構築する力、⑦ 現代的課題に対応する力、⑧ 園長など管理職が発揮するリーダーシップ、⑨ 人権に対する理解、である。さらに、先述したように2018年改定（訂）の保育指針、教育要領、教育・保育要領には「育みたい資質・能力」が追記され、幼児の発達に即して幼児期の教育としての学びを充実させていくことが求められている。その意味において、幼児の体験と関連させながら、ICT を活用した取り組みやカリキュラム・マネジメントに参画していけるような専門性を身に着けていくことも必要となってくるだろう。

３　今後の課題

　最後に、保育士、幼稚園教諭、保育教諭がよりよい保育実践を実施していくための課題について１点指摘したい。それはまずもって園内・園外の研修を推進していくことである。それぞれの専門性向上についてはこれまでに多く論じられてきているところである。しかし、関口はつえが「保育における専門性とは何か、保育者にふさわしい資質とは如何なるものか、さらに如何にしてその養成が可能になるかについては多角的に取り上げながら、なかなか議論が深ま

らない状態が続いている[3]」と指摘するように、保育者の専門性について多く議論があるにも関わらず、その議論が深まらないという現状もあった[4]。そのようななか、全国保育士会は、保育士等のキャリアアップ検討特別委員会報告書「保育士・保育教諭が誇りとやりがいを持って働き続けられる、新たなキャリアアップの道筋について[5]」において、保育士、保育教諭の専門的価値、専門的役割として、「子どもの最善の利益、1人1人の子どもの発達保障、専門職としての責務、保護者との協力、プライバシーの保護、チームワークと自己評価、利用者の代弁、地域子育て支援」を挙げた上で、初任者（入職3年目までの職員）と中堅職員（4年から5年目までの職員）、リーダー的職員（6年から10年目までの職員）、主任保育士・主幹保育教諭等管理的職員に分け、それぞれ保育実践に必要な専門的知識・技術とそのための研修内容について表5-1のようにまとめている。そして、2018年から保育士等キャリアアップ研修が実施され、そのなかで専門分野別研修として、① 乳児保育、② 幼児教育、③ 障害児保育、④ 食[6]

表 5-1　保育実践に必要な専門的知識・技術と研修

	初任者（入職から3年目まで）	中堅職員（4年目から5年目の職員）	リーダー的職員（6年から10年目の職員）	主任保育士・主幹保育教諭等管理的職員
保育実践に必要な専門的知識・技術（研修内容）	・子供の発達・健康の理解と援助 ・保育課程・指導計画に基づく保育実践 ・保育実践の向上（健康、人間関係、環境、言葉、表現） ・指導計画の立案 ・保育の個別計画 ・記録のとり方・活かし方 応急手当等緊急時の対応 発達の気になる子や障害のある子への対応 ・保育所・認定こども園における食育の推進 ・保育のアセスメント ・保小連携の理解 ・子どもたちの気持ちを考えた保育実践	・保育を可視化し、発信（ドキュメンテーション等）する。 ・PDCAサイクルに基づいて保育を実践する ・カリキュラムマネジメント ・保育実践の構造化	・科学的・理論的根拠に基づいた保育実践	・組織として実践の評価 ・保育課程の策定・評価

出所）全国保育士会「保育士等のキャリアアップ検討特別委員会報告書」2017年より筆者作成。

育・アレルギー対応など6つの分野別が設定されている。

　また、幼稚園教諭、保育教諭については、2021年中央教育審議会答申「『令和の日本型学校教育』の構築を目指して〜全ての子どもたちの可能性を引き出す、個別最適な学びと、協働的な学びの実現〜」において、「園内研修と園外研修、さらには法定研修、幼児教育関係団体が実施する研修など、それぞれの機能や位置付けを構造化し、効果的な研修を行うことが重要である」と述べられ、そのために「初任、中堅、管理職等といった各職位・役割に応じた研修体系の構築を行い、それぞれの段階で求められる資質を明らかにし、キャリアステージごとの十分な研修機会を確保すること」の必要性が指摘されている。現職職員においては、上記のような園外における研修を受講するとともに、園内においても、できるだけ話しあえる場を設け、専門性の向上を推進していくことが求められよう。もちろん、このような専門性向上のための取り組みは保育士、幼稚園教諭、保育教諭1人1人だけでなく、園全体として組織的に取り組んで行くことも求められている。

おわりに

　保育・教育は子どもの成長発達に関わる重要な職業である。しかし、そこでの仕事や人間関係に疲弊し離職する保育者も問題となっている。保育者の専門性を向上させ、よりよい保育実践が行えるようにしていくとともに、保育者も安心して保育実践ができるような環境整備が今後ますます必要となるだろう。

　　|演習問題|
　1．保育所、幼稚園、認定こども園でどのような保育実践が行われているか調べてみよう。
　2．保育所、幼稚園、認定こども園での保育実践の課題について考えてみよう。
　3．2の課題についてどのような取り組みが必要だろうか。自分の意見をまとめてみよう。

注
1）厚生労働省編「保育所保育指針解説」フレーベル館、2018年3月、17頁。
2）保育教諭養成課程研究会「幼稚園教諭・保育教諭のための研修ガイド──質の高い教育・保育の実現のために──」2015年3月、18頁。
3）関口はつえ「保育者の専門性と保育者の養成」『保育学研究』第39巻第1号、2001年、8-11頁。

4）神長美津子「専門職としての保育者」『保育学研究』第53巻第 1 号、2013年、94頁。

5）社会福祉法人全国社会福祉協議会　全国保育士会「保育士・保育教諭が誇りとやりがいを持って働き続けられる、新たなキャリアアップの道筋について　保育士等のキャリアアップ検討特別委員会報告書」2017年 6 月、30-35頁。

6）厚生労働省雇用均等・児童家庭局保育課長「保育士等キャリアアップ研修の実施について」雇児幼発0401第 1 号、2017年 4 月 1 日。

参 考 文 献

伊藤良高・伊藤美佳子編『乳児保育のフロンティア』晃洋書房、2018年。

伊藤良高・中谷彪・北野幸子編『幼児教育のフロンティア』晃洋書房、2009年。

第6章 保育士・幼稚園教諭・保育教諭と子育て支援

はじめに

　子育て支援が叫ばれ、すでに30年以上が過ぎた。その間、国は次々に子育て支援に係る施策を提示し実施してきている。しかし、子育ての負担感や児童虐待の増加、待機児童問題など子育て家庭を取り巻く状況は依然厳しいものがあり、保護者への支援の必要性はむしろ高まっているといえる。そのようななか、2015年4月より教育・保育の質の向上と地域の子育て支援の充実を目指した子ども・子育て支援新制度が開始された。そして、2018年には保育所保育指針（以下、「保育指針」と略）、幼稚園教育要領（以下、「教育要領」と略）、幼保連携型認定こども園教育・保育要領（以下、「教育・保育要領」と略）が同時改定（訂）され、そのなかにあって子育て支援について明示されるなど、今改めて子育て支援の在り方が問われている。本章では、保育指針、教育要領、教育・保育要領を基に、それぞれが実施すべき子育て支援とはいかなるものか、そして、その実施にあたって求められる資質・専門性とは何かについて検討していきたい。

1　保育所・幼稚園・幼保連携型認定こども園における子育て支援の視点

　児童福祉法（1947年）において、保育所は、「当該保育所が主として利用される地域の住民に対してその行う保育に関し情報の提供を行い、並びにその行う保育に支障がない限りにおいて、乳児、幼児等の保育に関する相談に応じ、及び助言を行うよう努めなければならない」（第48条の4）と定められた社会福祉施設であり、そこで働く保育士は、同条第2項において、「乳児、幼児等の保育に関する相談に応じ、及び助言を行うために必要な知識及び技能の修得、維持及び向上に努めなければならない」と示されている。また、学校教育法（1947年）において幼稚園とは、「義務教育及びその後の教育の基礎を培うものとし

て、幼児を保育し、幼児の健やかな成長のために適当な環境を与えて、その心身の発達を助長すること」（第22条）を目的とした学校であり、同法第24条において、「幼児期の教育に関する各般の問題につき、保護者及び地域住民その他の関係者からの相談に応じ、必要な情報の提供及び助言を行うなど、家庭及び地域における幼児期の教育の支援に努める」ことが努力義務とされている。そして、幼保連携型認定こども園（以下、「認定こども園」と略）は、就学前の子どもに関する教育、保育等の総合的な提供の推進に関する法律（2006年）において、「義務教育及びその後の教育の基礎を培うものとしての満 3 歳以上の子どもに対する教育並びに保育を必要とする子どもに対する保育を一体的に行い、これらの子どもの健やかな成長が図られるよう適当な環境を与えて、その心身の発達を助長するとともに、保護者に対する子育ての支援を行うこと」（第 2 条第 7 項）を目的とした施設と定められている。すなわち、これらいずれの場においても子育て支援を実施していくことが明確に求められているのである。さらに言えば、2018年改定（訂）の保育指針及び教育・保育要領では、これまでの「保護者に対する子育て支援」から「子育て支援」へと章名が変更され、改定前と同様に園児の保護者を対象にした子育て支援及び、地域の保護者への子育て支援の両方が記載された。これは、保育所及び認定こども園が入所している子どもの保護者に対してのみならず、地域の子育て家庭への支援も積極的に担っていくことへの期待を改めて示したものであろう。

　では、そこで求められる子育て支援とはいかなるものであろうか。子育て支援の在り方について、保育所保育指針解説では[1]、「子育ての問題や課題に対して、保護者の気持ちを受け止めつつ行われる、子育てに関する相談、助言、行動見本の提示その他の援助業務の総体」であり、「各家庭において安定した親子関係が築かれ、保護者の養育力の向上につながることを目指して、保育の専門的知識・技術を背景としながら行うもの」と記されている。また、教育要領においては、「保護者や地域の人々に機能や施設を開放して、園内体制の整備や関係機関との連携及び協力に配慮しつつ、幼児期の教育に関する相談に応じたり、情報を提供したり、幼児と保護者との登園を受け入れたり、保護者同士の交流の機会を提供したりするなど、幼稚園と家庭が一体になって幼児と関わる取組を進め、地域における幼児期の教育のセンターとしての役割を果たすよう努める」と記されている。この点において同解説では、幼稚園にはさまざまな役割が求められているとして、「地域の子供の成長、発達を促進する場とし

ての役割、遊びを伝え、広げる場としての役割、保護者が子育ての喜びを共感する場としての役割、子育ての本来の在り方を啓発する場としての役割、子育ての悩みや経験を交流する場としての役割、地域の子育てネットワークづくりをする場としての役割」といった例が挙げられている。そして、教育・保育要領においては、「教育及び保育並びに子育て支援に関する知識や技術など、保育教諭等の専門性や、園児が常に存在する環境など、幼保連携型認定こども園の特性」を生かした支援が望まれている。つまり、それらにおける子育て支援とは、それぞれが子どもを教育・保育する場であるという視点に立ち、保育者だからこそ可能となる日常の教育・保育の営みと密接に関連した取り組みが求められているといえよう。

2 具体的な子育て支援と求められる専門性

では上記のような子育て支援を実施していくためには保育士、幼稚園教諭、保育教諭にはどのような資質・専門性が必要とされているのだろうか。ここでは、具体的な子育て支援のあり方と共に資質・専門性について考えていく。

子どもの生活は家庭と園との生活が連続したものであることから例えば、保育所や認定こども園に入所している保護者に対する子育て支援では、保護者とのコミュニケーションを図り、連絡帳、保護者へのお便り、送迎時の対話、個人面談、家庭訪問、保護者会等の機会を利用し、保育者の思いや意図も保護者に伝えながら相互理解していくことが基本となる。この点において、特に認定こども園においては、生活形態が異なる保護者がいるため、就労等に関わらず園行事や係活動に参加できるよう「年度当初にあらかじめ保護者に参加してほしい年間の行事予定を配布したり、また、保護者以外の家族も参加できる仕方を工夫したりして参加しやすい方法を考える3)」といった配慮が求められている。そのような日々の関わりの中にあって、病気や体調の急変時における対応の確認、あるいは最近増加しつつある外国籍家庭など特別な配慮を必要とする家庭の保護者、育児不安が見られる不適切な養育等が疑われる保護者等が持つ課題に気付き、個別の支援が可能となってくるのである。

一方、幼稚園が実施する子育て支援の1つに、「教育課程に係る教育時間の終了後等に行う教育活動」（以下、「一時預かり」という）がある。これまでにも幼稚園においては、預かり保育や園開放などを実施し子育て支援の役割を担って

きた。今回の改訂では、社会の状況を視野にいれた教育課程の編成が目指されており、一時預かりや子育て支援などの教育課程以外の活動も充実させることが期待されている。そして、一時預かりを利用する幼児にあっては、幼稚園で過ごす時間が長時間となるため、「情報交換の機会を設けたりするなど、保護者が、幼稚園と共に育てるという意識が高まるようにすること[4]」が必要とされている。例えば、「保護者が参加する機会を提供したり、写真等で活動の様子を掲示してわかりやすく伝えたり[5]」することによって、家庭と幼稚園が連携し、家庭の教育の充実につなげていくことが望まれている。

　次に、保育所における地域の保護者への子育て支援については、保育所の特性を活かした子育て支援として、「食事や排泄などの基本的生活習慣の自立に関することや、遊びや玩具、遊具の使い方、子どもとの適切な関わり方などについて、1人1人の子どもや保護者の状況に応じて、具体的に助言したり、行動見本を自薦的に提示したりする[6]」といった支援がある。この点について、認定こども園でも、「保護者が抱える具体的な困りごとや悩みに対して、例えば、言葉の発達や食事に関することなど[7]」について、発達に関した専門知識を基に丁寧に保護者に対する説明をしたり相談に応じたりなど、きめ細やかな助言及び対応が求められている。幼稚園においては、教育要領解説に、「子育てに関する情報の提供、親子登園などの未就園児の保育活動、絵本クラブなどの保護者同士の交流の機会の企画」から「園庭・園舎の開放、子育て公開講座の開催、高齢者、ボランティア団体、子育てサークルなどとの交流」といった例が挙げられるなど、その活動の幅は多岐にわたり、それ以外にも地域の実態に合わせた活動も求められている。つまり、保育士・幼稚園教諭・保育教諭には、以上のような発達に関する知識や遊びの技術、子育てに関する相談、助言、行動見本の提示といった保育に基づく専門性が必要とされていると言ってよいであろう。

　しかし、昨今の子育て家庭を取り巻く状況に伴った虐待や障害、または家庭が抱えるさまざまな課題について、保育士、幼稚園教諭、保育教諭がもつ保育の専門性のみで対応していくことには限界があることも事実である。そのため、これらのニーズの増大を受け、保育所が直接的に保護者に子育て支援を実施するだけでなく、「保護者に対する子育て支援における地域の関係機関等との連携及び協働を図り、保育所全体の体制構築に努めること」や保健センターや要保護児童対策地域協議会、児童相談所等の地域の関係機関との連携するた

め、「ソーシャルワークの基本的な姿勢や知識、技術等についても理解を深めた上で、支援を展開していくことが望ましい」と記載されるなど、保育士のソーシャルワーク理解への姿勢もまた同時に求められている。また、教育・保育要領においては、「教育及び保育並びに子育て支援に関する知識や技術など、保育教諭等の専門性や、園児が常に存在する環境など、幼保連携型認定こども園の特性」を活かすことが必要であることが追記され、保育教諭、看護師、保健師、栄養教諭などの多職種間での連携が必要であることも示されている。そして、この多職種間との連携、協働にあっても、「ソーシャルワークの基本的な姿勢や知識、技術等についても理解を深めた上で、支援を展開していくことが望ましい」とされ、そこには保育だけでなく、ソーシャルワークの専門性も求められていることがわかる。さらに、関係機関等との連携にあっては、保育者1人1人の実施のみならず担当者を中心とし、園全体で組織的に取り組んでいくことも必要である。

３　今後の課題

　ここでは、子育て支援実施にあたっての今後の課題について触れておきたい。先述してきたように、子育て支援の実施には保育に関する知識や技術がその基礎となり、その上でソーシャルワークの専門性が求められている。これまでにも保育者がソーシャルワークを実施していく必要性については多く述べられてきたところである。[8] しかし一方で、保育士がソーシャルワークを担うことについて疑問を呈するものも散見される。そのなかにあって、櫻井慶一は現在の保育所での実践にはソーシャルワークとしての事例として評価できるものが多数あるにも関わらず、認識がなされていないことを指摘した上で、[9] 「他の社会福祉士や臨床心理士等の専門家との連携・協力は不可欠であるが、それらの者にまかせきるのではなく、保育士自らが『ソーシャルワーカー』としての自覚を併せ持つことが何よりも必要」と述べている。すなわち、そこには保育実践に関わる保育者の意識的なソーシャルワークへのまなざしが求められている。

　では、この保育者によるソーシャルワーク実践への課題とは何だろうか。ここでは2点指摘したい。1点めは、保育者が保育現場で活用できるソーシャルワークの知識、技術の理解をさらに深めていくことである。2017年に示された「保育士等キャリアアップ研修ガイドライン」[10] において、専門別研修の1つと

して「保護者支援・子育て支援」が設定されている。それをみると、ソーシャルワークという言葉こそ出ていないが、「保護者に対する相談援助の方法と技術、保護者支援・子育て支援における専門職及び関係機関との連携」等、ソーシャルワークの内容が多く盛り込まれていることがわかる。また研修実施について、ある調査によると、研修の実施主体からは、「実施場所や講師の確保が困難である、遅刻や欠席者のフォローができない」という意見や保育現場からは、「業務多忙により参加できない、研修参加者の代替職員の確保が困難である」等が指摘されており、研修の実施や参加にあたって課題があることもわかる。今後は、eラーニングの導入も含めて多くの保育者が学べる環境設定を構築していくことが必要である。

　2点めは、実習も含めたソーシャルワークの教育を養成課程から検討していくことである。2019年4月より変更された保育士養成のカリキュラムをみると、子育て支援に係る科目として「子ども家庭支援論」「子育て支援」「子ども家庭福祉」等が見られる。なかでも「子育て支援」は、「子育て支援について、さまざまな場や対象に即した 支援の内容と方法及び技術を、実践事例等を通して具体的に理解する」ことが挙げられている演習科目となっている。これまでにも養成課程段階からの子育て支援力の育成の必要性については叫ばれてきているところではあるが、実際には各養成校の置かれた状況や教員の力量に依るところが大きいという現実がある。今後は実践、実習をも含めた養成課程カリキュラムの検討が求められる。

おわりに

　保育士、幼稚園教諭、保育教諭という名称の違いこそあれ、子どもとその保護者に対する支援を行っていく専門職としての役割、そして、その責任の重さに違いはない。しかし、一方で、保育現場の労働負担やストレスも過剰である現実がある。「子育てを社会全体で支える」という子ども・子育て支援新制度の理念を実現していくためには、1人1人の働き方も含めた社会全体の取り組みが求められる。

　　　演習問題
1. 保育士、幼稚園教諭、保育教諭に求められている子育て支援について、保育指針、教

　育要領、教育・保育要領を読みながらまとめてみよう。

2．保育所、幼稚園、認定こども園の子育て支援の具体例を調べてみよう。

3．保育所・幼稚園・認定こども園の子育て支援の課題を考えてみよう。

注

1）厚生労働省編『保育所保育指針解説』フレーベル館、平成30年3月。

2）ここでは、保育士・幼稚園教諭・保育教諭を指す。

3）内閣府・文部科学省・厚生労働省『幼保連携型認定こども園教育・保育要領解説』フレーベル館、平成30年3月、350頁。

4）文部科学省『幼稚園教育要領解説』フレーベル館、平成30年3月、265頁。

5）同上、265頁。

6）注1）に同じ、339頁。

7）注3）に同じ、350頁。

8）例えば、日本保育ソーシャルワーク学会編『改訂版　保育ソーシャルワークの世界——理論と実践——』晃洋書房、2018年、等がある。

9）櫻井慶一『児童・家庭福祉の基礎とソーシャルワーク』学文社、2016年、76頁。

10）厚生労働省雇用均等・児童家庭局保育課長「保育士等キャリアアップ研修の実施について」雇児保発0401第1号、平成29年4月1日。

11）保育士等キャリアアップ研修をeラーニングで実施する方法等に関する調査研究協力者会議「調査研究協力者会議における議論のとりまとめ」2019年1月9日（https://www.mhlw.go.jp/content/000513280.pdf　2022年9月6日最終確認）。

12）例えば、矢萩恭子「『子育て支援実習』において養成される保育者の専門性——実習日誌の分析を通じて——」『田園調布学園大学紀要』第12号、2017年、等がある。

参 考 文 献

伊藤良高・中谷彪編『教育と教師のフロンティア』晃洋書房、2013年。

伊藤良高・永野典詞・中谷彪編『保育ソーシャルワークのフロンティア』晃洋書房、2011年。

大豆生田啓友「保育現場における子育て支援の課題」『保育学研究』第51巻第1号、2013年。

第7章

小・中学校等教諭の養成、採用、研修

はじめに

　教員の養成、採用、研修制度は第二次世界大戦後の改革時に大枠が設定されて今日に至っている。近年、「養成・採用・研修」を一体としてとらえる見方が強まっている。それぞれについて動向をみることとする。

Ⅰ　小・中学校等教諭の養成

　日本における教員養成は戦後改革期を経て、「大学における教員養成」「開放制」という二大原則に基づいて行われてきた。戦前に存在した師範学校は廃止され、「開放制」による教員養成となった。教員養成系学部以外においても免許取得は可能となった。しかし、どの大学・学部でも教員養成ができるわけではない。1953年の教員職員免許法改正から「免許状授与の所要資格を得させるための課程として適当と認める課程」において修得することが原則とされた。

　師範学校には「師範学校教授要目」が存在した。第二次世界大戦時中には「国定教科書」もつくられた。一方で、大学は「学問の自由」（憲法第23条）の保障のもと、大学教員が「深く専門の学芸を教授研究」（学校教育法第83条）する場である。

　大学で教員免許取得のために必要な単位数などは、教育職員免許法など法令の規定で定められている。「教職に関する科目」と「教科に関する科目」の規定がおかれていた。教員が学校で果たしている役割が時代とともに教科指導以外の面で複雑化しているのを反映してか、「教職に関する科目」が占める比率が上がっていく傾向にあった。

　教育職員免許法施行規則の2016年改正により、「教科及び教職に関する科目」と「大括り」とされることとなった。それは、5つに分類されるがその1つで

ある「教育の基礎的理解に関する科目」に含めることが必要な事項には「教職の意義及び教員の役割・職務内容（チーム学校への対応を含む）」を含める必要がある。

2017年に「大学が教職課程を編成するに当たり参考にする指針」として、「教職コアカリキュラム[1]」が策定されている。教職課程の「コア」の部分があらかじめ示されている。それに合致した課程を準備し、事前に申請を行い、教職課程の認可をうけている大学のみが教員養成を行うことができる。

一例として前述した「教職の意義及び教員の役割・職務内容」に関して見ると、以下のとおり決められている。

教職の意義及び教員の役割・職務内容（チーム学校運営への対応を含む）

全体目標：現代社会における教職の重要性の高まりを背景に、教職の意義、教員の役割・資質能力・職務内容等について身に付け、教職への意欲を高め、さらに適性を判断し、進路選択に資する教職の在り方を理解する。

（1）教職の意義
一般目標：我が国における今日の学校教育や教職の社会的意義を理解する。
到達目標：1）公教育の目的とその担い手である教員の存在意義を理解している。
　　　　　2）進路選択に向け、他の職業との比較を通して、教職の職業的特徴を理解している。

（2）教員の役割
一般目標：教育の動向を踏まえ、今日の教員に求められる役割や資質能力を理解する。
到達目標：1）教職観の変遷を踏まえ、今日の教員に求められる役割を理解している。
　　　　　2）今日の教員に求められる基礎的な資質能力を理解している。

（3）教員の職務内容
一般目標：教員の職務内容の全体像や教員に課せられる服務上・身分上の義務を理解する。
到達目標：1）幼児、児童及び生徒への指導及び指導以外の校務を含めた教員の職務の全体像を理解している。
　　　　　2）教員研修の意義及び制度上の位置付け並びに専門職として適切に職務を遂行するため生涯にわたって学び続けることの必要性を理解している。
　　　　　3）教員に課せられる服務上・身分上の義務及び身分保障を理解している。

（4）チーム学校運営への対応
一般目標：学校の担う役割が拡大・多様化する中で、学校が内外の専門家等と連携・分担して対応する必要性について理解する。
到達目標：1）校内の教職員や多様な専門性を持つ人材と効果的に連携・分担し、チームとして組織的に諸課題に対応することの重要性を理解している。

　教職コアカリキュラムに関しては、「教員養成を担う大学が果たす責任の一つ」であり、教職カリキュラムの「責任ある予定調和」のために必要という見解がある。これまで、日本の大学・大学院で同様のものとしては、例えば法科大学院に関しては2010年、看護学教育に関して2017年10月に到達目標・学習目標などが公表されている。一方で、教員養成はあくまで大学の授業の一環として行うものであるから、このように介入されることは「学問・教育の自由の制約」になりかねない、という見方もある。教職コアカリキュラムの下でも、各大学や担当教員の判断で独自性を発揮できる余地はもちろん存在する。

2　小・中学校等教諭の採用

　教員養成課程において免許を無事取得できたところで、どこかの学校に「採用」されないと使うことはできない。小・中学校等の教諭の採用は「選考」によって行われる。都道府県・指定都市・豊能地区（大阪府）の教育委員会によって行われるゆえ、全国を66地区にわけて行われる。

　1996年の文部省通知によってすでに、「必ずしも知識の量のみにとらわれず、個性豊かで多様な人材を幅広く教員として確保していくことが必要であること」「このため、筆記試験の成績を重視するよりも人物評価重視の方向に採用選考の在り方を一層移行させ、選考方法の多様化、選考尺度の多元化の観点から、教員採用等について積極的な改善を図っていくことが必要であること」が言われた。その後、さらに教員採用試験においては「人物」をみるために「面接」に重点をおいた採用形態にシフトする傾向がある。

　「筆記試験」に関して同通知は「筆記試験の試験問題については、知識の量、記憶力を問うものや、過度に高度な専門的知識を問うものに偏らず、広く教員として求められる資質能力を見極めることが可能な良問を継続的に作成するよう努めること」と述べている。しかし、多くの地方自治体で、「知識の量、記憶力を問う」だけに等しい形式の出題は続いている。通知は1989年に発表された学習指導要領改訂で、それまで「知識の量」が学力と判断される傾向にあったことが批判されたことを受けている。

　教員免許の取得を希望する者には「日本国憲法」についての学習は必須であるが、例えば、以下の文章の正誤を判断することは、この文章の読者には可能だろうか。

> 「すべて人は、法律の範囲内において平等であつて、人種、信条、性別、
> 社会的身分又は門地により、政治的、経済的又は社会的関係において、差
> 別されない。　[日本国憲法]」　(大阪府・豊能地区第一次テスト、2013年)

　憲法第14条の条文は「すべて国民は、法の下に平等であつて」とあるので、「誤」が正解となる。およそ、憲法学習にとって有益な出題とは思えない。短時間で「公平」な採点が可能なマークシートによるという出題をしなければならない、という限界があるものの、「知識の量」それも条文や答申にどのように書かれているかのみを問う出題が行われる傾向にある。確かにその方法で出題しておけば、出題ミスはおきにくい。しかし、このような出題を続けていれば、「知識の量が学力」という観念がこれから教諭になる人に浸透しつづけるのではないか、ということが懸念される。

　面接が重視される傾向にあるが、例えば、兵庫県の2017年度の採用試験では、「集団面接試験」の評価観点は「健康度」「積極性」「共感性」「社会性」「堅実性」であると事前に公開されている。「積極性」とは「仕事に対する理解と情熱」と言い換えられる。短時間の面接で、教職への理解と情熱がある者と、理解と情熱があるかのような演技をする者を見分けることはそもそも可能なのか、という問題がある。

　教員採用においては、英語資格を所持している者に加点、特別選考が行われる場合が近年増えている。大学から推薦を求められる場合もある。自治体が開催する「教師塾」出身者に採用試験における優遇措置を与えるところもある。教員も「多様な人材」の必要性がいわれている。「社会人経験者」を特別枠で採用することや、「スポーツ・文化・芸術特別選考」(東京都の場合、オリンピックや全国大会で優秀な実績、全国レベルのコンクール・展覧会に入賞などが条件)が行われている。

３　小・中学校等教諭の研修

　日本の学校における教職員の職務の範囲は、学校教育法第37条に「教諭は、児童の教育をつかさどる」などと規定がある。しかし、どこまでが「教諭」の仕事の範囲内かは必ずしも明確ではない。その範囲の「無限定」さゆえに、授業をすること以外にも、生徒指導、部活動の指導、成績処理、会議、書類作成、

保護者・PTA 対応、教材研究など教諭の仕事の内容は多岐にわたる。教職についたあとに、職能開発すべき分野も多岐にわたることになる。

　公立学校教員は地方公務員法および教育公務員特例法の適用をうける。私立学校教員もそれに準ずる扱いをうけることが多い。教員としてよりよい仕事をするための規定として、教育基本法は以下のように述べている。

　　第9条　法律に定める学校の教員は、自己の崇高な使命を深く自覚し、絶えず研究と修養に励み、その職責の遂行に努めなければならない。
　　2　前項の教員については、その使命と職責の重要性にかんがみ、その身分は尊重され、待遇の適正が期せられるとともに、養成と研修の充実が図られなければならない。
　　　　　　　　　　　　　　　　　　　　　　　　　　　（傍点は筆者による）

　ここでは、上記のうち「身分の尊重、待遇の適正」について先に述べておくと、公立学校教員は地方公務員であるから、懲戒免職などの意に反する不利益処分をうけることは、地方公務員法に定める手続きに則ったときのみである。教員の「給与、勤務時間その他の勤務条件」は「条例で定める」（地方教育行政の組織及び運営に関する法律第42条）ものである。

　教育公務員特例法には以下の規定がある。

　　第21条　教育公務員は、その職責を遂行するために、絶えず研究と修養に努めなければならない。
　　2　教育公務員の研修実施者は、教育公務員……の研修について、それに要する施設、研修を奨励するための方途その他研修に関する計画を樹立し、その実施に努めなければならない。
　　第22条　教育公務員には、研修を受ける機会が与えられなければならない。
　　2　教員は、授業に支障のない限り、本属長の承認を受けて、勤務場所を離れて研修を行うことができる。
　　3　教育公務員は、任命権者……の定めるところにより、現職のままで、長期にわたる研修を受けることができる。

　研修の内容として、法律上定められているのは「初任者研修」と「中堅教諭等資質向上研修」（同法第23条、第24条）であるが、それ以外にも教育委員会はさまざまな研修を実施している。学校の中で互いに授業を検討しあうなどの「校内研修」が行われることもある。教育公務員特例法の2016年改正により「文部

科学大臣は、公立の小学校等の校長及び教員の計画的かつ効果的な資質の向上を図るために、……指針を定めなければならない」、公立の小学校等の校長及び教員の任命権者は「指針を参酌し、その地域の実情に応じ、……指標を定めるものとする」「毎年度、体系的かつ効果的に実施するための計画（……教員研修計画……）を定めるものとする」という規定が追加された（同法第22条の2、第22条の3、第22条の4）。一方で、同法改正時の附帯決議では「指針については……大綱的な内容のものとし、地域や学校現場に対する押し付けにならないようにすること」「指標については、……画一的な教員像を求めるものではなく」とある。あくまで研修は「上からの命令に従う」だけのものでなく、教員の自主性にまかせる要素があるものとされることには留意すべきである。

なお、教育公務員特例法の2022年改正では教員免許更新制の廃止にともない教員の研修等に関する記録の作成が義務付けられた（第22条の5）。

2012年の中央教育審議会答申「教職生活の全体を通じた教員の資質能力の総合的な向上方策について」では、社会の急速な進展の中で知識・技能の絶えざる刷新が必要であることから、「学び続ける教員像」が提唱されている。教員養成課程は多くの人にとって4年という期間となる。採用された後の年数のほうがずっと長いのが通常である。採用後に「学びつづける姿勢」「学ぶ意欲の高さ」があるかないかによって、教員としての力量は大きくかわるであろう。また、勤務を続けている間に子どもや社会が大きく変わることはあり、それへの対応も求められる。

教員がもつ課題は、教員1人1人によって異なるものであり、自らの課題を設定して「知識・技能の絶えざる刷新」を行うことが必要である。読書などをとおした「自己研修」も必要となる。一方で、「教員の多忙化」が指摘されている。自己研修のための時間的余裕も、また研修のために必要な費用の財政的な裏付けの余裕も十分とはいえない状況が一方に存在する。「学び続ける教員像」が提唱されるようになってきた一方で、その実現のための条件整備はまだまだできていないといわざるをえないであろう。

おわりに

教員採用試験の平均倍率はピーク時の2000年に13.3倍であったのが、2022年には3.7倍まで低下している。[4] その原因としては「教員の労働条件」が劣悪で

あることが報道されるようになったことや、民間企業の採用状況がよくなっていることが考えられる。教員の「待遇の適正」を実質的に保障しないかぎり、教員になろうと考える人が減少し、その結果教員の資質・能力は低下するというのは論理的には必然である。逆に言えば、教員の資質・能力向上のためには教員の勤務条件や研修機会の保障などの「待遇の適正」が不可欠であろう。

　　演習問題

1．教員養成課程にいる大学生としては、大学の授業以外において学ぶべきことは何か。考えてみよう。
2．自分が受験したいと思う校種・教科の採用試験がどのように行われているかについて、調べてみよう。
3．教員が「自己研修」を行う機会が保障されるためには、教育委員会はどのような配慮をするべきか、考えてみよう。

注
1）教職コアカリキュラムに関しては、横須賀薫監修『概説　教職課程コアカリキュラム』ジダイ社、2018年。
2）渋谷治美「教職課程コアカリキュラムと教師教育の質の向上について」『シナプス』第58号、2017年、5 -11頁。
3）例えば、佐藤隆「教師の仕事を枠づける文科省流資質能力論」(『教育』第869号、2018年、5 -13頁)。
4）令和 4 年度（令和 3 年度実施）公立学校教員採用選考試験の実施状況のポイント（https://www.mext.go.jp/content/20220909-mxt_kyoikujinzai01-000024926- 5 .pdf　2023年 2 月 8 日最終確認)。

参 考 文 献
市川昭午『教職研修の理論と構造』教育開発研究所、2015年。
佐藤学『専門家として教師を育てる』岩波書店、2015年。
日本教師教育学会編『教師教育研究ハンドブック』学文社、2017年。
前屋毅『教師をやめる』学事出版、2021年。

小・中学校等教諭と授業・学習指導、生徒指導

はじめに

　日本国憲法第26条は国民に教育を受ける権利を保障するとともに、「普通教育」を子どもたちに受けさせる義務を国民に課している。この「普通教育」とは、全国民に共通の、一般的・基礎的な、職業的・専門的でない教育のこととされ、教育基本法第5条第2項にあるように、個々の人格の完成ならびに民主国家の形成者としての資質の育成において必要不可欠なものとされている。また、学校教育法第21条には義務教育として行われる「普通教育」の目標が記されており、道徳性や知識・技能などさまざまなことを教えることが小・中学校等において求められている。[1]

　「普通教育」の目標を達成するために、小・中学校等教諭は児童生徒に対して授業・学習指導や生徒指導を行っている。本章では、現代日本における小・中学校等における授業・学習指導や生徒指導の現状と課題について考察していく。具体的には、まず、授業・学習指導と生徒指導の歴史的変遷について概観する。次いで、それぞれにおける現状について考察する。そして、最後に、それらが抱える課題について指摘しておきたい。

I　授業・学習指導と生徒指導の歴史的変遷

1　授業・学習指導の歴史的変遷

　日本では1872年の学制公布により近代学校制度が整備されていくことになる。文部省は「教則」を通じて小学校等の教科目や時間配当等を定め、教科書の刊行・普及にも尽力した。また、師範学校において、教科書を使用しながらたくさんの子どもを一斉に教える方法（＝学級編制による一斉教授の方法）の開発も行われ、学校の校舎が各地で整備されていくとともに全国に普及した。こう

して小学校等で行われる授業・学習指導は教師中心の注入主義的なものになりがちであったが、これに対して子どもたちの自律活動を尊重すべきとの批判も行われるようになる。大正時代には子ども中心主義を掲げた新教育運動が活発になり、新教育の理念に根差した学校の新設や教育方法の開発が盛んに行われた。しかし、昭和時代に入ると、軍部の台頭による影響が学校にも及ぶようになり、特に国民学校においては超国家主義的な考え方が授業・学習指導で徹底されるようになった。

　第二次世界大戦終結後、日本国憲法や教育基本法の理念に基づく戦後教育改革の下に、小学校や中学校の教育が行われるようになる。1947年には教育課程編成の手引きとして最初の学習指導要領（試案）が発表され、社会科が新設教科として、家庭科が男女共に学ぶものとして設けられた。学習指導法の刷新も見られ、例えば、子どもの生活経験そのものを教育内容として再組織し、学習活動として位置付ける生活単元学習や、地域社会の課題を題材とした問題解決学習などが流行した。しかし、こうした学習指導のなかには何でも経験させればよいという「はいまわる経験主義」に陥った実践も多く、1950年代の半ばには衰退していった。

　学習指導要領は1958年以降、教育課程の基準として文部大臣が公示するものとなり、およそ10年ごとに改訂が行われている。科学技術の飛躍的発展という社会状況に対応することが求められた1958年や1968年の改訂で打ち出された「系統学習の発展」や「教育内容の現代化」の下で、学校では大量の知識を効果的・効率的に教えることが必要とされた。その後、「詰め込み教育」等の批判もあり、1977年改訂では授業時間数の削減、1989年改訂では「生活科」の新設、1998年改訂では「総合的な学習の時間」の新設が行われ、「人間性」や「生きる力」を強調した、ゆとり教育政策と称される一連の教育課程改革が進められた。しかし、学力低下批判を受けて、2008年改訂では授業時数の増加が行われ、思考力・判断力・表現力の育成と基礎的・基本的な知識・技能の習得の双方を重視した学習が目指された。

2　生徒指導の歴史的変遷

　明治政府により導入された学校制度においては当初知識偏重の教育が展開されていたが、1879年に教学聖旨が出され、それに伴い修身が学科最上位におかれたことが象徴的に示すように、日本の学校教育は知育だけではなく徳育を含

めた生活上の指導を重視するという特徴を早くから持つものであったといえる。しかし、こうした特徴が学校において明確に意識され、より子どもたちの生活実態に即しながらその生き方の質を高めることを目的として「生活指導」という概念で展開されるようになったのは1920年代の生活綴方教育運動においてであったといわれている。

　第二次世界大戦終結後、アメリカで普及していた適応主義的・心理主義的な特徴を持つガイダンスが「生徒指導」と訳出され、学校教育の重要な任務として文部省により積極的に導入されていった。それと並行して、学校現場では生活綴方や集団主義に根差した「生活指導」が研究・実践され、広く普及していくが、1965年に文部省は中学校と高等学校用に『生徒指導の手引き』（生徒指導資料第1集）を作成・配布し、多義的に用いられる「生活指導」ではなく、「生徒指導」を行政上の用語として使用することを表明する。[2]以降、1968年改訂の中学校学習指導要領に初めて「生徒指導」という文言が記載され、1975年には生徒指導主事が主任として制度化され、1982年には『小学校生徒指導資料1』が発刊されるなど、「生徒指導」の体制が整備されていった。

　1970年代以降の日本の学校においては、校内暴力、いじめ、不登校といった問題が発生し、こうした問題行動への対処という消極的な面で生徒指導という用語が一般的に認知されていった。しかし、生徒指導とは「1人1人の児童生徒の人格を尊重し、個性の伸長を図りながら、社会的資質や行動力を高めることを目指して行われる教育活動」[3]とされているように、本来積極的な面をもつものとされている。[4]

2　授業・学習指導と生徒指導の現状

1　授業・学習指導の現状

　2008年に改訂された現行学習指導要領においては、「ゆとり」か「詰め込み」かの二項対立を乗り越え、いわゆる学力の三要素から構成される「確かな学力」のバランスのとれた育成が重視されることになったといわれる。[5]こうした考えに基づいて取り組まれる授業・学習指導の下で、学力の改善傾向を示す種々の調査結果が公表された。[6]一方で、判断の根拠・理由を明確にしながら自分の考えを述べること、実験結果を分析して解釈・考察・説明すること、学ぶことの楽しさや意義を実感することなどに対して課題があるとされた。

　こうした状況を受けて、2017年3月に学習指導要領が改訂され、小学校は2020年度から、中学校は2021年度から全面実施されている。今回の改訂のポイントとしては、まず知識及び技能の習得と思考力・表現力等の育成のバランスを重視した現行学習指導要領の枠組みや教育内容を維持した上で、新しく子どもたちに求められる資質・能力とは何かを社会と共有し連携する「社会に開かれた教育課程」という考え方が打ち出されたことがあげられる。また、これと関連して、これまでの「何を学ぶか」を中心とした書き方から、「何ができるようになるか」を掲げたうえで、そのために「何を」「どのように」学ぶかを明確に示す書き方へと改められている。さらに、知識・技能の習得、思考力・判断力・表現力の育成、学びに向かう力・人間性の涵養が偏りなく行われるように、子どもたちの「主体的・対話的で深い学び」の実現に向けた授業改善の必要性が謳われるとともに、「カリキュラム・マネジメント」（教育課程に基づき組織的かつ計画的に各学校の教育活動の質の向上を図っていくこと）の確立に向けた学校全体としての取組が求められている。

2　生徒指導の現状

　生徒指導に関する文部省の基本的な考え方を示したものとしては、1965年に『生徒指導の手びき』、1981年に『生徒指導の手引（改訂版）』が出されていた。しかし、それらがもっぱら中学校・高等学校を前提に書かれたものであるため、小学校段階も含めた生徒指導の理論・考え方・実際の指導方法等に関する基本書が必要であること、また、生徒指導の積極的な面に関する組織的・体系的な取組が不十分であることなどが指摘されてきた。そこで文部科学省は、2010年3月に生徒指導に関する学校・教職員向けの基本書として『生徒指導提要』を刊行した。

　『生徒指導提要』は8章で構成されており、第1章から第5章において、生徒指導の意義や教育課程との関係、児童生徒理解の方法、生徒指導体制の整備、教育相談の進め方などが論じられている。第6章では生徒指導の進め方として、全体指導と個別指導に分けて、実践的知識や問題行動ごとの対応事例などが取り上げられており、第7章では関連する法制度、第8章では地域連携について書かれている。

　特に、第6章の分量の多さは目を引く。これは多様化する問題行動やメンタルヘルスに関する問題に対する指導のニーズや対応の困難さが反映されたもの

であり、問題を抱えた児童生徒への個別的な対応や効果的な指導が期待されているといえる。ただ、全体を通して強調されているのは、1人1人の児童生徒の健全な成長や自己指導能力の育成を目指すという生徒指導の積極的な意義である。学校においては、教育課程への生活指導の位置付け、組織や体制づくり、教職員の共通理解などを進めることにより、教育活動全体を通じ、生徒指導の一層の充実を図っていくことが求められている。

③ 授業・学習指導と生徒指導の課題

1 授業・学習指導の課題

2017年改訂の学習指導要領においては、学びの質の向上を目的に「主体的・対話的で深い学び」の実現が目指されているが、これは「アクティブ・ラーニング」の視点からの授業改善だとされる。「アクティブ・ラーニング」は児童生徒等が受け身ではなく、自ら能動的に学びに向かうように設計された学習法のことであり、例えば、グループワークやディベートなどの方法がとられる。近年、学校現場では「アクティブ・ラーニング」と冠したさまざまな取組みが広がりつつあるが、その一方で、アクティブな活動を取り入れること自体が目的となっているような実践も見られる。こうした状況を受け、学習指導要領では「アクティブ・ラーニング」ではなく、「主体的・対話的で深い学び」という表現が使用されることになったが、表現を変えれば適切な実践が行われるようになるという簡単な話ではない。今回の改訂を、経験主義から系統主義へという1958年改訂以来の画期的な改訂と捉える見方もあるように、[7] このような学習観の大きな転換に対しては、教員がその趣旨を理解し充実した授業が展開できるような環境整備が必要になる。

今回の改訂では、小学校には正式な教科として「外国語科」を高学年に、これまで高学年で実施していた「外国語活動」を中学年に導入し、英語教育の充実が図られている。また、プログラミング的思考などを育むプログラミング教育も必修化され、情報活用能力の育成も強化されている。さらにはコロナ禍を受けて加速したGIGAスクール構想により1人1台端末及び高速大容量の通信ネットワーク環境が整備される中、2021年1月に出された中央教育審議会答申「『令和の日本型学校教育』の構築を目指して〜全ての子供たちの可能性を引き出す、個別最適な学びと、協働的な学びの実現〜」において、ICTを最

大限活用しながら、多様な子どもたちを誰一人取り残すことなく育成する「個別最適な学び」と、子どもたちの多様な個性を最大限に生かす「協働的な学び」の一体的な充実が図られることが求められている。これらの新しい動向に教員が対応するためには、授業準備時間や研修機会の確保が重要である。

2　生徒指導の課題

　生徒指導の面では、従来からの問題行動に加えて、各種情報機器の普及による人間関係の在り様の変化などがみられ、また、先進国の中でも厳しいと言われる子どもの貧困の状況もあり、学校が抱える課題は一層複雑で困難なものになっている。2014年に閣議決定された「子供の貧困対策に関する大綱」において、学校を子どもの貧困対策のプラットフォームと位置付けて総合的に対策を推進するとされたことからもわかるように、生徒指導は教員が行うだけでは完結しない場合もめずらしいことではなくなってきている。2015年の中央教育審議会答申「チームとしての学校の在り方と今後の改善方策について」では、専門性に基づくチーム体制の構築が提言され、スクールカウンセラーとスクールソーシャルワーカーの学校における位置付けの明確化や、部活動指導員の規定の整備などが行われた。また、「チーム学校」と家庭、地域、関係機関（警察や児童相談所等）との連携・協働も提言され、すべての子どもたちの資質能力を社会全体で育成しようとする方針が示されている。このことは現代日本の教育の目的・理念を教育保障という面のみならず、生命・生存・生活保障という観点から総合的（ホリスティック）に捉えること、すなわち「教育と福祉の統一」[8]という動きを具現化したものと評価することができるが、こうした動きを実効性のあるものにするには学校マネジメント問題や人材育成・人材確保問題などさまざまな課題への対処が必要だとされている。[9]

　また、生徒指導は教育課程の内外において1人1人の児童生徒の健全な成長を促すもの、将来における自己実現を図っていくための自己指導能力の育成を目指すものとされ、そのためには学習指導を含む学校生活のあらゆる場や機会で行われるものであるとされているにもかかわらず、一般的には、生徒指導は特別な事態が起きたときに行われるもの、校則等に関連付いたネガティブな指導として印象付けられるものとなりがちである。児童生徒に生徒指導の積極的な面を実感させるためには、教員は児童生徒理解や個別問題対応への力量を向上させるとともに、学校の教育課程への位置付けや組織体制づくりを効果的な

ものになるように進めていく必要がある。なお、2022年8月に「生徒指導提要の改訂に関する協力者会議」が公表した生徒指導提要改訂（案）においては、子どもの権利条約の原則に基づき、子どもの最善の利益や意見表明権を踏まえて指導にあたることを強く打ち出している。改訂される生徒指導提要を理解し、実際の指導に生かしていくことが教員には求められている。

おわりに

　近代学校制度が導入されて以来、日本の学校教育においては学習指導を中心としながら、児童生徒の実態に合わせたさまざまな指導を行ってきた。そうした指導の蓄積を踏まえながら、第二次世界大戦後は、学習指導要領を基準に各学校が編成した教育課程に基づいて、学習指導や生徒指導が小・中学校等で展開されてきた。学習指導は経験主義から系統主義そしてゆとり教育を経て、現在は確かな学力をベースに「主体的・対話的で深い学び」の実現が目指されている。また、生徒指導においても戦前からの生活指導との関連性を有し、その後の変化する社会の影響と向き合いながら、児童生徒の日々の学校生活を豊かで充実したものにすることが目指されている。これからの小・中学校等の教員は、「主体的・対話的で深い学び」を実現する学習指導や、「チーム学校」を通じた効果的な生徒指導などを行うことのできる力を身につける必要がある。したがって、2012年の中央教育審議会の答申「教職生活の全体を通じた教員の資質能力の総合的な向上方策について」において、「学び続ける教員像」の確立が提言されたことは重要であった。

　教員は学び続ける存在であるため、教員の学ぶ時間を確保することは大切である。しかしながら、現在、教員の多忙化が深刻な状況であるといわれており、例えば、2018年のOECDの国際教員指導環境調査（TALIS）では、中学校教員の1週間当たりの勤務時間は調査に参加した48か国・地域中最長であった（日本56.0時間、参加国平均38.3時間）。また、仕事の内容としては、中学校では課外活動（スポーツ・文化活動）の指導に7.5時間、事務業務に5.6時間となっており、どちらも参加国中最長であった一方で、職能開発には0.6時間しか使っておらず、これは参加国中最短であった。文部科学省が発表した2016年度の教員勤務実態調査の結果でも、週60時間以上働いている割合は小学校で34％、中学校で58％であり、長時間勤務の深刻な状況が指摘されている。

　近年、「普通教育」の内容は多岐にわたり、教育者に求められる専門性はより高度なものになっている。小・中学校等の教師の学習指導ならびに生徒指導の力量は「普通教育」の質を左右するため、児童生徒と向き合う時間や授業準備や研修を受ける時間等の十分な確保が急務である。また、教師が良いパフォーマンスをするためには十分な休息時間（睡眠時間や家族で過ごす時間など）を確保することも欠かせない。小・中学校等の教師は、児童生徒の教育を受ける権利の保障や国家や社会の持続的発展への寄与という崇高な使命を自覚しているがゆえに、これまで多忙な状況にあってもその使命感から質の高い教育を提供するための努力を続けてきたが、学習指導と生徒指導に関する現在の改革が進む中で今のような勤務時間の状況が続けば、「普通教育」の質は確実に低下する。2019年1月に出された中央教育審議会答申「新しい時代の教育に向けた持続可能な学校指導・運営体制の構築のための学校における働き方改革に関する総合的な方策について」を受けて、現在、文部科学省は勤務時間管理の徹底、教員が担う業務の明確化・適正化・勤務時間制度の改革などの施策を実施しており、その効果も含め、今後の動向を注視する必要がある。

演習問題

1．学習指導と生徒指導の実態や課題について、現職の教師にインタビューをしてみよう。
2．教師の学習指導と生徒指導の力量を向上させるために、教育委員会や学校がどのような取り組みを行っているかについて調べてみよう。
3．学習指導や生徒指導の意義とは何かについて、自分の意見をまとめてみよう。

注

1）本章で使用する小・中学校等とは、小学校、中学校、義務教育学校、中等教育学校の前期課程、特別支援学校の小・中学部を指す。
2）「生活指導」ではなく「生徒指導」を行政上の用語として使用することを表明した理由としては、文部省の教育行政に批判的であった教員・教育学者集団が主導する自主的な「生活指導」研究と実践の存在を意識して、「生徒指導」を公認・導入することにより、意図的に、「生活指導」との概念的な区別を行う目的があったからとの見方もある（松浦勉「「生徒指導」の戦後史と課題」『八戸工業大学紀要』第31巻、2012年、161頁）。
3）これは文部科学省により2010年に出された『生徒指導提要』による定義であるが、1965年以降基本的には変わっていないとされる（滝充「小学校からの生徒指導——『生徒指導提要』を読み進めるために——」『国立教育政策研究所紀要』第140集、2011年、

305-306頁）。

4 ）石田美清「学校における生徒指導と問題行動対策——昭和20年・30年代の文部省通知と青少年問題協議会答申の分析を通じて——」『上越教育大学研究紀要』第25巻第 1 号、2005年、255-269頁。

5 ）中央教育審議会「幼稚園、小学校、中学校、高等学校及び特別支援学校の学習指導要領等の改善及び必要な方策等について（答申）」2016年、 4 頁。

6 ）例えば、2015年に実施された国際数学・理科教育動向調査（TIMSS）や OECD 生徒の学習到達度調査（PISA）で良い成績をおさめており、また、ベネッセ教育総合研究所の調査では学習時間が増加傾向にあるとの結果が出ている。

7 ）角田将士・平田浩一「学ぶ意義を意識した「深い学び」を促す授業の創造——見方・考え方の成長を視点としたアクティブ・ラーニング型授業の批判的検討——」『立命館教職教育研究』第 4 号、2017年、 1 頁。

8 ）伊藤良高「教育の目的・理念をめぐる議論と展開」伊藤良高・中谷彪編『教育と教師のフロンティア』晃洋書房、2013年、19-20頁。

9 ）溝部ちづ子・梶田英之・財津伸子・酒井研作・斉藤正信「「チーム学校」に向けた今後の可能性と課題（ I ）——関連答申と先行研究文献から——」『比治山大学・比治山大学短期大学部教職課程研究』第 4 号、2018年、21-31頁。

参 考 文 献

佐藤学『教育の方法』左右社、2010年。

田中耕治・鶴田清司・橋本美保・藤村宣之著『新しい時代の教育方法』有斐閣、2012年。

林尚示・伊藤秀樹編『生徒指導・進路指導——理論と方法——』学文社、2016年。

松田恵示・大澤克美・加瀬進編『教育支援とチームアプローチ——社会と協働する学校と子ども支援——』書肆クラルテ、2016年。

コ ラ ム 1

▶養護教諭をめぐる状況と課題

養護教諭が注目される状況

　学校教育法第37条では「小学校には、校長、教頭、教諭、養護教諭及び事務職員を置かなければならない」と規定されている。この条文は中学校や高等学校などにも準用される。日本では全国どの学校に行ってもこれらの職種の人たちが働いている、ということである。

　しかし、上記の中で養護教諭だけは一般に言葉としてなじみがない。「保健室の先生のことですよ」と話してはじめてイメージがわく場合が多い。また「保健室の先生」という表現からわかるように養護教諭は上記のうち校長、教頭、教諭と同様に「先生」の一員であるが、実際には「先生」と事務職員の間に位置するような曖昧な存在だと認識されていることも珍しくない。

　そのような養護教諭ではあるが、その存在の重要性は年が経つごとに増している。養護教諭が注目されるようになった1つのきっかけは1997年の文部省（当時）の保健体育審議会答申だった。この答申において、養護教諭は「新たな役割」としてヘルスカウンセリング（健康相談活動と訳される）の役割が期待されるようになったのである。

　これはとりもなおさず日本の子どもたちの心の問題が深刻になってきたことを意味する。いじめや不登校、校内暴力といった現代的課題は1980年代から指摘されているが、いっこうに解消の方向に進んではいない。もちろんさまざまな立場からこれら子どもたちの心の問題に取り組んできてはいる。例えばいじめに関してはいじめ防止対策推進法が2013年に、不登校については教育機会確保法が2016年に成立している。そして不登校であればフリースクールの充実が進んでもいる。ただ、そうは言っても子どもたちにまず向かい合うのは「先生」たちである。そしてクラスの児童生徒を一律に扱う担任にとって、これらの問題での個別指導には困難も伴う。そうした時に、学校の中にいる「先生」ではあるが、担任をもっていない養護教諭という立場が1つの鍵になる。

　さらに、21世紀に入ってさまざまな健康課題が社会で注目されるようになったこともある。本書の「はしがき」で指摘される性感染症や新型インフルエンザに代表されるように、感染症に対しての人々の意識は飛躍的に高まっている。生徒は「保健体育」の「保健」で感染症について学ぶが、先述の答申を受けて養護教諭が「保健」を教えることができる法改正も実施されている。感染症に対しては人類の長い闘いの歴史があるが、感染症だけではなく小児肥満に代表される小児

生活習慣病や小児がんといった新たな疾患も注目されるようになった。特に重要とされているのは ADHD や自閉症スペクトラムなどの発達障害の児童生徒への対応で、他にも医療的ケアを必要とする子どもの増加などもある。性的マイノリティの児童生徒が養護教諭に相談するというケースも非常に多い。

　このように学校現場で医学的知識を必要とする場面は飛躍的に増加しており、教職員集団の中で最も医学的知識を持つ養護教諭は決して学校で周辺的存在ではなく核となる 1 人である。医学的知識をもつことから職務内容からは外れるが、教師の多忙問題が緊急性を増すなかで労働衛生の問題上でも養護教諭は注目されており[7]、文部科学省からの通知では衛生管理者の選出にあたって保健体育の教員とともに養護教諭が候補としてあげられている[8]。

　また2015年の中央教育審議会答申で掲げられた「チーム学校」において、養護教諭もスクールカウンセラーやスクールソーシャルワーカーとの連携が期待されているし、2007年の学校教育法改正からはじまった特別支援教育コーディネーターを養護教諭が行う場合もある。

日本独自の養護教諭

　以上のように多岐にわたる活躍が期待される養護教諭は、日本独自の職種である。養護教諭が伝統的に担ってきた応急処置などは外国ではスクールナースが担当する場合が多い。心のケアについては常駐のスクールカウンセラーが対応する国もある。いずれにしても外国ではそのような職種は教諭ではない。日本においても、養護教諭の起源は岐阜県や大阪府が当時独自に設置した学校看護婦にある。

　しかし、日本の教員制度の歴史の中で学校看護婦は養護訓導（訓導は現在での教諭）となり、戦後改革において養護教諭となった。戦後の教育改革の基礎を議論した教育刷新委員会は、学校看護婦でよいとする GHQ の案に強く反対をし、日本側の意見を押し通す形で養護教諭という制度を成立させた。それだけ学校の中で働く以上は「先生」の一員となることにこだわったのである。

　だが実際には法律上、養護教諭は教諭とわけられているためになにかと違う扱いを受けることが多い。例えば担任を持っているわけではないことから、教育公務員特例法第23条で規定される初任者研修も養護教諭は対象となっていない。実際には「同じ新任の先生なのだから」と養護教諭も採用 1 年目の研修を教諭と一緒に受けさせている教育委員会も存在するが、さまざまなことで疎外感を味わう養護教諭は少なくない[9]。

　これには養護教諭の養成課程が学校看護婦由来のために教諭よりも複数の
ルートがあることも関係している。養護教諭は戦後のベビーブームなどによる児
童生徒数の激増の中で養成人数が追いつかなかったことなどから、看護学校卒業
でも国立大学教育学部の特別別科に１年間通学して免許を取得したり、保健師免
許を取得すれば教育委員会に申請して２種免許を取得できる制度がいまだに
残っている。戦後改革の教員養成の二大原則の１つは「（短大を含む）大学で学ぶ
こと」であるが特別別科は学士や準学士扱いになるわけではないし、教師の実践
力が非常に強く求められるようになっているにもかかわらず学校に実習に行か
なくとも保健師附帯として免許が取得できることは教員養成の理念からは外れ
ており、教諭と別扱いになる口実を与えてしまっている。

これからの養護教諭

　以上のようにこれまでの養護教諭養成に潜む問題点はあるが、養護教諭が注目
されている現状からすれば、養護教諭の力量のますますの高度化は必須である。
教職の高度化は日本では教職大学院という形で推進されている。ところが教職大
学院は「授業をする」ことに重点が置かれており、養護教諭の養成ということに
はこれまでほとんど注視してこなかった。もちろん養護教諭は健康を推進する教
師、ヘルスプロモーションティーチャーであると考えれば養護教諭にも授業をす
る力は重要であるが、教職大学院かどうかはともかく、養護教諭たちにも力量を
高める場の提供が今後は求められる。

　さいごに、養護教諭を担っているのはほとんど女性である。男性である養護教
諭も全国に存在するが、まだわずかでしかない[10]。看護婦が看護師になり、保母が
保育士となって男性看護師や男性保育士が増えていることからすれば、増加の
ペースは非常に遅い。このコラムの冒頭でイメージの問題をとりあげたが、みな
さんは「保健室の先生」と聞くと女性だけを思い浮かべていないだろうか。どれ
ほどの未来になるかはわからないが、いずれ「養護教諭」という言葉に性別は関
係なくイメージされる時代がやってくることになるだろう。

　注
　1）例えば、大谷尚子監修『養護ってなんだろう　「保健室の先生」と言われる私た
　　ちの仕事とその意味』ジャパンマシニスト、2007年参照。なお、漫画などのフィク
　　ションに登場する「保健医」として描かれる職種は現実には存在しない。学校に常
　　駐し、白衣を着ているので養護教諭のことをさしているとみられるが、養護教諭に

必要なのは教員免許であって医師免許ではない。学校保健安全法第23条で規定される学校医、学校歯科医、学校薬剤師とは異なる。また養護教諭は医師ではないので薬を処方することはできない。ただし、養護教諭の養成課程は看護学部に設置されている場合も多く、看護師免許や保健師免許を持つ養護教諭は多数存在する。

2）例えば、鈴木邦治「学校組織の周縁や曖昧空間から視えてくること」油布佐和子編『教職の現在・教師の未来』教育出版、2000年では、養護教諭の位置づけの曖昧さこそが子どもたちの助けになる、と指摘する。また藤井誠二『学校の先生には視えないこと』ジャパンマシニスト、1998年では、「先生」とは違う立場の職種として養護教諭が登場する。

3）文部省保健体育審議会答申「生涯にわたる心身の健康の保持増進のための今後の健康に関する教育及びスポーツの振興の在り方について」３．学校における体育・スポーツ及び健康に関する教育・管理の充実　4教職員の役割の充実（3）養護教諭。

4）例えば、少子化が進んでいるにもかかわらず不登校の児童生徒数は減少に転じてはいない。いじめは定義が変更されてきた経緯があって経年比較が難しいが、学校内での暴力行為もいったん減少したものの、2010年代に入って特に小学校で増加傾向にある。文部科学省「平成 29 年度 児童生徒の問題行動・不登校等生徒指導上の諸課題に関する調査結果について」などを参照。

5）正式名称は「義務教育の段階における普通教育に相当する教育の機会の確保等に関する法律」である。

6）例えば、朝日新聞「子どもの現実、把握半ば　不登校、5年連続増加　学校以外の居場所拡大」（2018年10月26日）ではフリースクールの増加が紹介されている。

7）教職員の労働安全衛生研究会編著『学校にローランの風を　すぐに使える労働安全衛生法』（きょういくネット、2007年）には「学校長や養護教諭と相談しましょう」という項目がある。

8）文部科学省「学校における労働安全衛生管理体制の整備のために」（改訂版）2015年。

9）例えば、朝日新聞「司書・養護教諭　大切さ知って」（2015年10月2日）で、養護教諭からの「一段低く見られている」などと投書を紹介した記事が掲載された。

10）2021年度学校基本調査では、全国に男性養護教諭は85名存在する。

コラム2
▶栄養教諭をめぐる状況と課題
小学校における栄養教諭の食育

　近年、小学校・中学校の子どもにおいては、偏った栄養摂取、朝食の欠食など食生活の乱れによる肥満・痩身、また生活習慣病の若年化により健康を取り巻く問題が深刻化している。こうした現状を踏まえ、2005年には食育基本法が、2006年に食育推進基本計画が制定され、学校現場においても積極的に食育に取り組まれるようになり、2005年からは食に関する指導を本務とする栄養教諭の配置が開始された。筆者の研究室（中村学園大学三成研究室）においては、2014年度にＦ県の全小学校を対象に食育推進の実態調査を実施したところ、栄養教諭の役割で重要であり個別的な相談指導に取り組んでいる小学校は全体の約60％であり、「専門的な知識の不足」、「保護者の理解が得られない」、「科学的根拠のあるプログラムがない」などの問題点か抽出された。栄養教諭を養成する立場にある筆者は、それらの課題を解決するための教育内容を検討し、学校栄養士の教員免許法認定講習や教員免許状更新講習、そして大学における栄養教諭の養成の教育内容に反映させてきた。当コラムではこの取り組みについて紹介したい。

　文部科学省は2017年3月に小中学校の学習指導要領の改訂を行い、アクティブ・ラーニングという言葉に代えて、学習法に「主体的・対話的で深い学び」の実現を盛り込み、その際には知識やスキルを活用することが求められるようになった。筆者の研究室では、学校現場の食のリーダーである学校長及び食のスペシャリストである栄養教諭との共同研究として、2003年10月から2004年1月までの間、Ｆ市内の公立小学校の5年生84名を対象に米国のローレンス・グリーン（Green, L. W.）らが開発した行動変容のモデルを取り入れた食育プログラムを研究・開発する取り組みを実施した。そのプログラムとは、児童個々人の体質を踏まえつつ、中医学の基礎理論に基づく薬膳を日本の伝統的な一汁三菜を基本とした食文化に導入し、児童の排便状態によって食事を評価していく便通改善の食育である。

　これまで、子どもに対する食育は、主として栄養に関する知識を啓蒙することに重点が置かれてきた。しかし、この研究においては、米と発酵食品であるみそ汁を取り入れた日本型薬膳であるエコロジカルクッキング（環境に配慮した食生活）を取り入れ、児童の食と健康に関する実態調査を行い、さらに、児童だけではなく保護者に対しても同様のプログラムを実施することとした。その結果、日本の伝統的な食材であるきのこ類、大豆製品、海藻類などが約30％の児童に嫌わ

れている現状が明らかになり、その食材を使った調理品も好まれていないことが示唆された。また、年間約180日摂取する学校給食において、伝統的な発酵食品であるみそやしょうゆ、酢の利用が少なく、それらの調味料を使った調理品を摂取する頻度も少ないことが明らかになった。さらに、排便習慣に関する調査を見てみると、性別において差はなく、排便時間は昼食前が全児童の30% を占め、不規則な児童の割合が45.2% を占めていた。加えて、生活習慣調査では、夕食の時間が遅く、遅寝や朝食の欠食など、児童の生活リズムが乱れていることも推察されるデータが示された。特に、睡眠時間や生活リズムの夜型化は、免疫機能や脳機能に影響を及ぼすことから、児童の生活リズムの改善に取り組む必要性が認められた。

　こうした調査結果で示された児童の意識を行動へと結びつけるために、筆者らは、日本型薬膳の調理示範や試食会を実施してきた。この取り組みの結果、ごはんの炊き方は70.2%の子どもが理解できるようになり、発酵食品であるみそ汁の作り方はプログラム実施前には48.3%の理解率であったのに対し、実施後は96.6% の子どもが理解できるようになるなど、有意な変化が認められるようになった。同時に、魚の鮮度の見分け方や調理方法、郷土料理や行事食などの調理の知識の向上にも効果が認められ、これらの体験を通して、食事と健康に関する知識や技術が高まるとの結果が把握された。また、排便習慣調査を見てみると、毎日排便をする者の割合はこのプログラムを実施前には20.7% であったのに対し、実施後には89.7% へと上昇し、この点からもこのプログラムの効果、つまり、児童らの行動が変容していることが認められた。正しい食事と排便習慣が健康に関わることであるとの理解が高まったものと考えられる。この研究では、排便カレンダーと排便後に貼付するシールを使用しており、こうしたツールも上記の行動の変容に寄与したものといえるだろう。さらに、こうした子どもの行動の変容を持続させるために、保護者を対象に健康教育や調理実習を実施し、食材の栄養や機能性、健康に関する資料を配付した。その結果、家庭で保護者が子どもと日本食や健康について話す機会が増え、子どもは料理を手伝い、親子のコミュニケーションを深めるなど、複数の項目でその効果が認められた。保護者に調理指導を行うことで、調理技術が向上したことを受け入れる子どもの態度が変化し、その結果、健康増進に効果が期待できることも明らかになった。この上記のプログラムは、栄養教諭のための教員免許状更新講習において紹介され、食育の現場においても活用されているところである。

保育所における食事と腸内細菌叢

　子どもの頻度の高い健康障害の１つに便秘がある。便秘との関連がある食物繊維については、食物繊維が少ない食生活は子どもや孫の世代の腸内細菌の多様性を失わせ、そうした食習慣が続くと元に戻らないことが報告されている[1]。筆者の研究室では、保育所幼児を対象に栄養素等の摂取の状況と、（腸内の細菌の環境を意味する）腸内細菌叢の状況についての調査を実施した。2014年12月から2015年３月に保育所幼児83名に３日間にわたって実施した調査は、食事記録シートを記入してもらい、食事前・後の料理を写真で撮影し、栄養価の算定を行うという手法によって実施し、幼児の採便から腸内細菌叢を分析した結果、ビフィドバクテリウム（*Bifidobacterium*）及びラクトバシラス（*Lactobacillales*）目といった腸内細菌と食生活との関係が明らかとなった。食物繊維を食事摂取基準の基準値の10%未満しか摂取しない幼児に比べ、基準値±10% を摂取している幼児の方がラクトバシラス（*Lactobacillales*）目の割合が高いことが明らかになり、また、カルシウムについては、基準値の10%未満しか摂取しない幼児に比べて基準値の10%以上を摂取している幼児はビフィドバクテリウム（*Bifidobacterium*）の割合が高いとのデータが示されている。つまり、こうした調査の結果から、理想的な食事を摂取することが腸内環境の改善に寄与していることが明らかとなったのである。この他にも、調理品では、みそ汁の摂取回数が３日で１回以下の場合と３日で２回以上の場合とでは、ビフィドバクテリウム（*Bifidobacterium*）の

表1　食事・生活習慣と腸内細菌叢の割合（味噌汁摂取回数）

(%)

推定される菌群	味噌汁摂取回数		
	3日で1回以下 (n=30)	3日で2回以上 (n=37)	p 値
Bifidobacterium	5.5±2.4	9.4±2.0	0.006**
Lactobacillales 目	2.7±2.1	2.9±2.6	0.717
Bacteroides	40.7±9.8	38.9±11.7	0.493
Prevotella	15.2±2.4	4.2±7.0	0.188
Clostridium cluster IV	12.0±4.9	13.0±6.8	0.491
Clostridium subcluster XIVa	18.9±4.6	16.1±5.0	0.023*
Clostridium cluster IX	2.4±3.6	3.6±2.2	0.144
Clostridium cluster XI	0.8±2.9	1.4±2.9	0.086
Clostridium cluster XVIII	1.5±2.5	1.3±1.9	0.546

出所）三成由美、徳井教孝：児童・生徒の栄養；食育、Diabetes Frontier, Vol. 28, No. 2, 129-135（2017）.
平均値±標準偏差
* p<0.05、** p<0.01

表 2　食事・生活習慣と腸内細菌叢の割合（外でよく遊ぶ）

(%)

| 推定される菌群 | 外でよく遊ぶ | | p 値 |
	遊ばない・遊ぶ (n=53)	よく遊ぶ (n=19)	
Bifidobacterium	6.3±2.3	9.9±2.0	0.046*
Lactobacillales 目	2.4±2.2	4.2±2.7	0.018*
Bacteroides	41.0±10.0	35.0±12.2	0.039*
Prevotella	10.0±4.8	2.8±5.0	0.267
Clostridium cluster IV	11.9±5.8	14.6±6.6	0.101
Clostridium subcluster XIVa	18.2±4.4	15.2±5.4	0.018*
Clostridium cluster IX	3.0±2.9	3.3±2.9	0.757
Clostridium cluster XI	1.1±3.2	1.5±2.6	0.389
Clostridium cluster XVIII	1.4±2.2	1.2±2.0	0.596

出所）三成由美：「保育所乳幼児の腸内環境改善のための日本型薬膳メニューの開発と評価」平成22〜24年度科学研究費助成事業（学術研究助成基金助成金）基盤研究（C）（一般）報告書。

平均値±標準偏差

* p<0.05

割合が異なり（それぞれ5.5±2.4、9.4±2.0）、これは、みそ汁の摂取回数が高い程、腸内環境の改善に寄与していることを意味するデータである（表1）。また、生活習慣と腸内細菌叢の関連をみてみると、外で遊ばない子どもよりもよく遊ぶ子どもの方がビフィドバクテリウム（*Bifidobacterium*）の割合が高く（表2）、[2] こうした一連の研究データから、子どもの健康増進や生活習慣病予防には腸内環境を改善するための規則正しい食生活のあり方や個々人に対応した食育が重要であるとの結論が導かれることになる。

　今後、栄養教諭は、教育に関する資質と栄養に関する専門性を生かし、子どもたちの健康の保持・増進のニーズに対応した食育に取り組んでいくことが求められている。

注

1) Sonnenburg ED, *et al*.: Diet-induced extinctions in the gut microbiota compound over generations, Nature, 529(7585): 212- 5 (2016).

2) 三成由美「日本と中国における保育所幼児の生活習慣、排便習慣および体質と腸内細菌叢の比較、2014年度〜2016年度科学研究費助成事業（学術研究助成基金助成金）基盤研究（C)(一般) 報告書」。

第9章 障害児保育・特別支援教育の実践と課題

はじめに

みずほ情報総研株式会社の「保育所における障害児保育に関する研究報告書」[1]（2017年3月みずほ情報総研株式会社）では、「近年、小学校における障害児を対象とする特別支援学級、通級指導教室に在籍する子どもの数は年々増加している。そうした中、保護者の子育てと仕事の両立の希望の高まりを背景に、より低年齢の子どもを預かる保育所においても、いわゆる『気になる子』、障害のある子ども、常時医療的ケアを必要とする子どもの保育ニーズも伸びていると考えられる」と述べている。このように、現在、小学校や保育所、幼稚園、認定こども園など（以下「保育施設」という）では、障害のある子どもたちへの保育・教育が拡大すると同時に重要視されてきている。

そこで、大切にしたいことは、支援・教育にあたる保育士、幼稚園教諭、保育教諭など（以下「保育者」という）や小学校教諭は障害のある子どものことを[2]適切に理解することである。障害の捉え方、障害の考え方、見方など障害に対する一定の理解が必要である。例えば、2001年に WHO（世界保健機関）総会で採択された ICF（International Classification of Functioning, Disability and Health, 国際生活機能分類）を学ぶことも有益である。厚生労働省は、ICF の活用により「障害や疾病の状態についての共通理解を持つことができる」と述べている。[3]

ICF では、「生活機能」が何らかの理由で制限されている状態を「障害」としている。その「生活機能」に影響を及ぼす背景因子として、環境因子、個人因子を挙げている。[4]つまり、環境によって障害・健康状態は変化することからも、障害のある子どもの障害だけに着目するのではなく、その環境に働きかけるといった視点も重要である。

そこで、以下では、障害のある子どもの保育の実践と留意点、特別支援教育の現状と課題について述べていく。さらに、障害のある子どもの権利擁護と合

理的配慮について考察する。なお、用語の使い方として題目、引用か所以外は「障害児」を「障害のある子ども」と表記する。

1 障害児保育の実践と留意点

保育所保育指針[5](2017年告示)では、「第1章総則」「3 保育の計画及び評価（2）指導計画の作成」「キ 障害のある子どもの保育については、1人1人の子どもの発達過程や障害の状態を把握し、適切な環境の下で、障害のある子どもが他の子どもとの生活を通して共に成長できるよう（中略）家庭や関係機関と連携した支援のための計画を個別に作成するなど適切な対応を図ること」と示されている。つまり、障害のある子どもの保育では、子どものそれぞれの発達や障害の状況を把握し、個別の指導計画に基づく支援が必要である。そして、家庭や関係機関と連携した保育実践が求められている。

また、保育所保育指針解説[6]（厚生労働省 2018年2月、以下「解説」という）では、「障害やさまざまな発達上の課題など、状況に応じて適切に配慮する必要がある。こうした環境の下、子どもたちが共に過ごす経験は、将来的に障害の有無等によって分け隔てられることなく、相互に人格と個性を尊重し合いながら共生する社会の基盤になると考えられる。これらのことを踏まえて、障害など特別な配慮を必要とする子どもの保育を指導計画に位置付けることが求められる」と述べられている。

さらに、解説[7]では、「障害の特性だけではなく、その子どもが抱える生活のしづらさや人との関わりの難しさなどに応じた、環境面での工夫や援助の配慮など支援のあり方を振り返り、明確化する。これらを踏まえて、就学に向けた支援の資料を作成するなど、保育所や児童発達支援センター等の関係機関で行われてきた支援が就学以降も継続していくよう留意する」と示されている。すなわち、障害のある子どもの保育実践では、小学校との継続した支援が続くように留意する必要がある。いわゆる、発達の連続性を踏まえた保育実践が求められるのである。

そこで、障害のある子どもの保育実践で重要な視点として以下に3点を示す。

1点めは、障害のある子どもの理解と保育者の関わりである。障害のある子どもを適切に理解し、1人1人の障害、発達、個別性を踏まえた丁寧な関わりが必要となる。つまり、子ども1人1人の課題や障害特性を理解し、保育（集団・

個別）に参加できる工夫が必要である。そのためには、保育者間の共通理解と柔軟な対応が求められる。

　2点めは、保護者と関係機関の連携と適切な情報提供である。乳幼児期から学齢期、社会参加に至るまで、地域で切れ目のない支援体制の構築が必要である。そのためには、保護者が気軽に情報にアクセスできること、かつ、関係機関の情報を保護者と保育施設で共有し、地域の社会資源の活用を積極的に進めることも重要である。[8]

　3点めは、家庭との連携である。障害のある子どもの保護者は、まず、わが子の障害を受容することから次に進むことができる。障害の早期発見、早期療育は大切なことであるが、まずは、保護者の思いに寄り添い、共感、受容しながら保護者が困っていることなどを保育者に相談しやすい環境を作ることが必要である。

2　特別支援教育の現状と課題

　文部科学省は特別支援教育について「『特別支援教育』は、障害のある幼児児童生徒の自立や社会参加に向けた主体的な取組を支援するという視点に立ち、幼児児童生徒1人1人の教育的ニーズを把握し、その持てる力を高め、生活や学習上の困難を改善又は克服するため、適切な指導及び必要な支援を行うものです。平成19年4月から、『特別支援教育』が学校教育法に位置づけられ、すべての学校において、障害のある幼児児童生徒の支援をさらに充実していくこととなりました」[9]と述べている。つまり、日本では、障害のある子どもの自立と社会参加に向けた、さらなる教育の充実が進められてきているのである。

　また、中央教育審議会初等中等教育分科会は「共生社会の形成に向けたインクルーシブ教育システム構築のための特別支援教育の推進（報告）」（2012年7月23日）[10]で「特別支援教育を推進していくことは、子ども1人1人の教育的ニーズを把握し、適切な指導及び必要な支援を行うものであり、この観点から教育を進めていくことにより、障害のある子どもにも、障害があることが周囲から認識されていないものの学習上又は生活上の困難のある子どもにも、更にはすべての子どもにとっても、良い効果をもたらすことができるものと考えられる」と指摘している。すなわち、特別支援教育を推進することの重要性と効果を示している。さらに、永野典詞が指摘するように「今後の特別支援教育において

は、障害のある子ども、障害のない子どもに限らず、支援の必要な子どもなど、全ての子どもを包含し個人のニーズや合理的配慮のもと新たな教育システムの構築が必要である」と考えることができる。

特別支援教育の課題を次に3点述べる。

1点めは、発達障害のある子どもへの支援・教育の対応である。障害特性を踏まえた支援方法のプロセスや指導・支援プログラム、指導プログラム（情緒障害児、自閉症児、視覚障害児などへの支援プログラムなど）や教材開発など[12]、これまでも取り組まれてきているが、より一層の重要な視点であろう。

2点めは、障害のある子どものキャリア教育である。従来から課題として取り上げられ多くの特別支援学校などで積極的な取り組みが行われてきているが、今後も継続した支援が求められる。

3点めは、特別支援学級と通常の学級の子どもが友に学ぶ活動の充実である。インクルーシブ教育の理念からも障がいの有無に関係なく、互いが交流し学ぶ機会の提供が必要であると考える[13]。

３　障害のある子どもの権利擁護と合理的配慮

障害のある子どもの保育、特別支援教育の実践を考えるにあたり、「障害のある子どもの権利擁護」と「合理的配慮」の2点を提起したい。

1点めは、「障害のある子どもの権利擁護」である。柏女霊峰は、子どもの権利に関する条約は[14]「子どもの最善の利益保障を最大の理念としつつも、子どもも主体的に自分の人生を精一杯生きようとしている存在であるという、権利行使の主体としての子ども観を鮮明に打ち出している」と述べている。また、「障害者の権利条約も、その第7条（障害のある子ども）において子どもの権利条約の趣旨を引き継ぐとともに、意見を表明するために支援を提供される権利を有することを言明している」と指摘している。すなわち、障害のある子どもの保育、特別支援教育の実践にあたっては、子どもを権利主体として、子どもの権利を守る視点が重要になるのである。

2点目は、「合理的配慮」である。文部科学省「特別支援教育の在り方に関する特別委員会（第3回）配付資料3：合理的配慮について[15]」、によると「1．障害者の権利に関する条約における『合理的配慮』（1）障害者の権利に関する条約『第二十四条　教育』においては、教育についての障害者の権利を認め、

この権利を差別なしに、かつ、機会の均等を基礎として実現するため、障害者を包容する教育制度（inclusive education system）等を確保することとし、その権利の実現に当たり確保するものの一つとして、『個人に必要とされる合理的配慮が提供されること。』を位置付けている」と示されている。具体的には、障害の状態に応じた専門性を有する教員等の配置、障害の状態に応じた教科における配慮、医療的ケアが必要な児童生徒がいる場合の部屋や設備の確保、クールダウンするための小部屋等の確保などである。つまり、合理的配慮には「教育を平等に受ける権利」を享有することであり、障害があるために保育、教育を受けることが困難な場合は適切な環境整備が必要になる。

おわりに

　本章では、障害のある子どもの保育と特別支援教育の現状、実践の留意点について述べてきた。最後に、今後の課題を以下に2点述べておく。
　1点めは、インクルーシブ保育・教育の実践である。障害の有無に関わらず、すべての子どもたちの多様なニーズが満たされることが必要である。そして、保育・教育の現場に障害や特別な配慮が必要な子どもがいることがノーマルであるといった考えの広がることを期待したい。
　2点めは、障害のある子どもの保育・特別支援教育におけるソーシャルワークの基本原則や知識、技術を用いた支援である。例えば、子どもの権利擁護、平等の原則、守秘義務などの原則やケースワークやグループワークといった知識と技術を用いることも有益であろう。そして、多様なニーズを有する子どもやその保護者を支える仕組みを考えていくことも必要であろう。

　│ 演習問題 │
　1．障害のある子どもの保育実践の留意点を話し合ってみよう。
　2．特別支援教育実践の現状と留意点をまとめてみよう。
　3．子どもの権利（保育・教育を受ける権利など）を守るための手立てを考えてみよう。

注
　1）みずほ情報総研株式会社「保育所における障害児保育に関する研究報告書」2017年3月（https://www.mizuho-ir.co.jp/case/research/pdf/kosodate2017_03.pdf　2018年10月

9日最終確認）。

2）保育施設では、現在、「気になる子ども」として障害認定を受けていない、配慮が必要な子どもの存在が指摘されている。本章では、障害認定の有無に関わらず「気になる子ども」も配慮が必要な子どもとして論じていく。

3）厚生労働省社会・援護局障害保健福祉部 企画課「『国際生活機能分類──国際障害分類改訂版──』（日本語版）の厚生労働省ホームページ掲載について」（https://www.mhlw.go.jp/houdou/2002/08/h0805-1.html、2018年10月18日最終確認）。

4）松井剛太「第1章第1節 障害のある子どもの理解」秋田喜代美・馬場耕一郎監、松井剛編『保育士等キャリアアップ研修テキスト3 障害児保育』中央法規、2018年、3頁。

5）厚生労働省告示第117号「保育所保育指針」2017年3月。

6）厚生労働省「保育所保育指針解説」2018年2月。

7）同上。

8）文部科学省「新しい時代の特別支援教育の在り方に関する有識者会議報告【本文】」2021年1月（https://www.mext.go.jp/content/20210208-mxt_tokubetu02-000012615_2.pdf 2022年10月1日最終確認）。

9）文部科学省「特別支援教育について」（http://www.mext.go.jp/a_menu/shotou/tokubetu/main.htm 2018年10月1日最終確認）。

10）文部科学省 初等中等教育分科会「共生社会の形成に向けたインクルーシブ教育システム構築のための特別支援教育の推進（報告）」2012年（http://www.mext.go.jp/b_menu/shingi/chukyo/chukyo3/044/attach/1321669.htm 2018年8月10日最終確認）。

11）永野典詞「特別支援教育の現状と課題」伊藤良高・中谷彪編『教育と教師のフロンティア』晃洋書房、2013年、69頁。

12）緒方明子「第7章第8節 軽度の発達障害児の教育・支援の展開」安藤隆男・中村満紀男編『特別支援教育を創造するための教育学』明石書店、2009年、314頁。

13）注8）に同じ。

14）柏女霊峰「今後の障害児支援の在り方──インクルーシブな社会を目指して──」『ノーマライゼーション──障害者の福祉──』2016年8月号、第36巻第421号。

15）文部科学省「特別支援教育の在り方に関する特別委員会（第3回）配付資料3：合理的配慮について」（http://www.mext.go.jp/b_menu/shingi/chukyo/chukyo3/044/attach/1297380.htm 2018年10月2日最終確認）。

参 考 文 献

伊藤良高・中谷彪編『教育と教師のフロンティア』晃洋書房、2018年。

伊藤良高・中谷彪・永野典詞編『保育ソーシャルワークのフロンティア』晃洋書房、2011年。

日本保育ソーシャルワーク学会編『改訂版　保育ソーシャルワークの世界——理論と実践——』晃洋書房、2018年。

第10章　保育施設経営・学校経営の現状と課題

はじめに

　保育施設または学校を「経営（マネジメント）する」ということはどういうことであろうか。その理解については諸説ありえるが、ここでは、保育施設経営または学校経営について、子どもの「教育（保育）を受ける権利」（憲法第26条）の保障をめざして、「保育施設または学校の諸組織・諸施設を管理運営することである」、若しくは「保育施設または学校の諸条件を整備し、これを有機的に運営する営みである」と捉えておきたい。近年における保育施設・学校を取り巻く環境の変化のなかで、保育施設・学校に求められる役割・機能も多様化・多元化し、保育施設経営・学校施設経営をめぐる課題も複雑化してきている。こうした状況にあって、子どもの「教育（保育）を受ける権利」を実現する保育施設経営・学校経営の在り方が問われているのである。

　本章では、保育施設経営・学校経営の現状と課題について検討していきたい。そのために、まず、保育施設経営・学校経営それぞれの現状について明らかにする。そして、それらを踏まえて、保育施設経営・学校経営をめぐる課題について考察したい。

1　保育施設経営の現状

　保育所・幼稚園等保育施設において、経営（または運営）が重大なイッシューとなってきたのは、1990年代初め以降のことである。今、それを、まず、保育所について見てみると、当時の一連の保育制度改革の動向と密接不可分に結びついている。例えば、1993年4月に出されたこれからの保育所懇談会提言「今後の保育所のあり方について――これからの保育サービスの目指す方向――」では、保育所における保育サービス及び施設運営についての質的展開が提起さ

れた。また、保育問題検討会の「報告書」(1994年1月) においても、同様の指摘がなされた。これ以降、国の保育政策として、保育所入所制度の選択利用方式への転換をはじめ、短時間勤務保育士の導入や調理業務の委託容認、定員の弾力化、保育所の設置主体制限の撤廃、保育所における苦情解決制度や第三者評価事業の導入、障害児保育事業の一般財源化、公立保育所運営の一般財源化などが展開されていった。その過程で、地方公共団体にあっては、地方分権ないし地域主権をスローガンに、地域行政の総合化や施設運営の効率化が図られ、全国に、幼稚園・保育所の連携・一体化や公立保育所の統廃合、民営化、公立保育所の保育士等職員の非正規化などの施策が進行していった。³⁾

　他方、幼稚園においては、1990年代半ば以降、幼児教育の重要性が指摘されるなかで、さまざまな改革プランが提示されていった。例えば、教育課程審議会答申「時代の変化に対応した今後の幼稚園教育の在り方について」(1997年11月) や、幼児教育の振興に関する調査研究協力者会合報告「幼児教育の充実に向けて」(2001年2月) 及びそれを踏まえて策定された文部科学省「幼児教育振興プログラム」(同年3月) は、「地域に開かれた幼稚園」、「幼稚園運営の弾力化」をキーワードに、地域の幼児教育センターとしての役割・機能を果たすことを提言した。これ以降、園児減少に伴う園児納付金の低迷や私学助成の減額といった状況のなかで、幼稚園における預かり保育等保育サービスの充実や3歳未満児入園事業による2歳児入園の実施、幼稚園・保育所の連携・一体化、公立幼稚園の統廃合・民営化、保育機能を付加しての認定こども園への移行促進などの施策が展開された。

　2015年4月にスタートした「子ども・子育て支援新制度」にあっては、そのポイントの1つとして、「認定こども園制度の改善」が掲げられ、① 幼保連携型認定こども園について、認可・指導監督を一本化し、学校及び児童福祉施設として法的に位置づける、② 認定こども園への財政措置を「施設型給付」に一本化することなどが行われた。このことによって、認定こども園は、「制度」としての整備確立が図られ、それ自身が固有の意義を持つものとして定立されることになった。2010年代半ば以降、保育所、幼稚園、認定こども園という大別して3種類の保育施設が併存することになり、さらに、小規模保育や家庭的保育等の地域型保育事業や認可外保育施設なども加わって、保育制度の「三元化」、あるいは「多元化」「複雑化」と呼ぶべき状況となっている。⁴⁾

　こうしたなかにあって、保育所・幼稚園等保育施設には、子どもの保育・教

育や子育て支援の質の向上に向けて、保育施設の機能及び職員の資質向上など
が経営上の重要課題として提示されている。例えば、厚生労働省「保育所保育
指針解説」(2018年2月)は、「保育所に求められる機能や役割が多様化し、保育
をめぐる課題も複雑化している。こうした中、保育所が組織として保育の質の
向上に取り組むとともに、一人一人の職員が、主体的・協働的にその資質・専
門性を向上させていくことが求められている」と述べ、施設長の役割及び研修
の実施体制を中心に、保育所において体系的・組織的に職員の資質・向上を図っ
ていくための方向性や方法等を明示している。また、文部科学省「幼稚園教育
要領解説」(2018年2月)では、幼稚園運営上の留意事項として、① 園長の方針
の下に、教職員が適切に役割を分担、連携しつつ、教育課程や指導の改善を図
るとともに、学校評価については、カリキュラム・マネジメントと関連付けな
がら実施するよう留意する、② 幼稚園間に加え、小学校等との間の連携や交
流を図るとともに、障害のある幼児児童生徒との交流及び共同学習の機会を設
け、協働して生活していく態度を育むよう努める、ことなどが挙げられている。
このように、保育施設経営において、子どもの保育・教育や子育て支援の実践・
評価・改善の好循環を生み出すような組織体制及びそれを統括する施設長(園
長)のあり方が問われている。

2 学校経営の現状

　小・中学校等の学校経営は、1990年代後半以降、「戦後第3の学校経営改革」
と呼称されるほど、種々の改革が進められてきた。その特徴は、地方分権と規
制改革を改革の原理として展開された「学校の自主性・自律性の確立」に求め
られる。具体的には、学校の権限拡大や校長の権限拡大・強化、説明責任や学
校評価に基づく学校の経営責任の明確化、学校評議員あるいはその類似制度の
導入による参加型学校経営などである。この改革への嚆矢となった中央教育審
議会答申「今後の地方教育行政の在り方について」(1998年9月)は、「公立学校
が地域の教育機関として、家庭や地域の要請に応じ、できる限り各学校の判断
によって自主的・自律的に特色ある学校教育活動を展開できるようにする」と
述べ、① 教育委員会と学校の関係の見直しと学校裁量権限の拡大、② 校長・
教頭への適材の確保と教職員の資質向上、③ 学校運営組織の見直し、④ 学校
の事務・業務の効率化、⑤ 地域住民の学校運営への参画の5つの視点を提示

した。そして、具体的には、例えば、①については、学校管理規則の見直しや学校予算の在り方の見直しなどを、④については、学校事務・業務等に係る負担軽減や専門的人材の活用などを、また、⑤については、学校評議員の設置などを提言した。

　2006年12月の教育基本法改正を受けて策定された「教育振興基本計画」（2008年7月）では、「教育立国」の実現に向け、基本的方向の1つとして、「個性を尊重しつつ能力を伸ばし、個人として、社会の一員として生きる基盤を育てる」が掲げられた。そして、そのなかで、教育委員会の機能の強化と学校の組織運営体制の確立に向けた取組として、教育委員会の責任体制の明確化や市町村への権限移譲、新しい職（副校長・主幹教諭等）の設置等による学校の組織運営の改善、学校評価の推進とその結果に基づく学校運営の改善、家庭・地域と一体になった学校の活性化が提唱された。

　最近のものとしては、2015年12月に公表された中央教育審議会答申「チームとしての学校の在り方と今後の改善方策について」は、学校経営の現状について、「近年、グローバル化や情報化が急速に進展し、社会が大きく変化し続ける中で、複雑化・困難化した課題に的確に対応するため、多くの組織では、組織外の人材や資源を活用しつつ、組織の力を高める取組が進んでいる。こうした中で、学校においても、子供を取り巻く状況の変化や複雑化・困難化した課題に向き合うため、教職員に加え、多様な背景を有する人材が各々の専門性に応じて、学校運営に参画することにより、学校の教育力・組織力を、より効果的に高めていくことがこれからの時代には不可欠である」と述べ、「チームとしての学校」をキーワードに、その具体的な改善方策として、① 専門性に基づくチーム体制の構築、② 学校のマネジメント機能の強化、③ 教職員1人1人が力を発揮できる環境の整備を提案している。うち、①では、教職員の指導体制の充実や教員以外の専門スタッフの参画、地域との連携体制の整備について、また、②では、管理職の適材確保や主幹教諭制度の充実、事務体制の強化について、そして、③では、人材育成の推進や業務環境の改善、教育委員会等による学校への支援の充実が掲げられている。また、同時に提起された同「これからの学校教育を担う教員の資質能力の向上について──学び合い、高め合う教員育成コミュニティの構築に向けて──」は、「我が国が将来に向けて更に発展し、繁栄を維持していくためには、様々な分野で活躍できる質の高い人材育成が不可欠である。こうした人材育成の中核を担うのが学校教育であり、

その充実こそが我が国の将来を左右すると言っても過言ではない。そのために
は、学校における教育環境を充実させるとともに、学校が組織として力を発揮
できる体制を充実させるなど、様々な対応が必要であるが、中でも教育の直接
の担い手である教員の資質能力を向上させることが最も重要である」と記し、
教員の養成・採用・研修に関する改革の展開とともに、学校づくりのチームの
一員として組織的・協働的に諸課題の解決に取り組む専門的な力についての醸
成などを求めている。

　このように、近年、学校経営を取り巻く環境の変化のなかで、学校の教育力・
組織力の向上に向けて、スクールカウンセラー（学校教育法施行規則第65条の３）、
スクールソーシャルワーカー（同第65条の４）、部活動指導員（同第78条の２）の
法定化による教員以外の専門スタッフの配置拡充や家庭及び地域における多様
な資源との連携・協働促進などの施策が展開されている。

③　保育施設経営・学校経営をめぐる課題

　では、保育施設経営・学校経営をめぐる課題とは何であろうか。以下では、
保育施設・学校を取り巻く状況と直面する課題（第２章参照）を踏まえながら、
３点、指摘しておきたい。

　第１点は、保育施設経営・学校経営のあるべき姿を、常にその定義や基本理
念に立ち返りながら捉えていく必要があるということである。保育施設経営・
学校施設経営とは何かについてはそれ自体が論争的ではあるものの、前述した
ように、例えば、「子どもの保育の権利と保護者の権利の同時保障という保育
所目的を効果的に達成するために、保育所の諸組織諸施設を経営管理すること
である」、「『子どもの学習権の保障』という教育目的を達成するために、学校
の諸組織諸施設を管理運営することである」などと定義付けることができる。
ここで大切であるのは、保育施設経営・学校経営はあくまでも、子どもの保育
の権利（や保護者の権利）、あるいは子どもの学習権の保障のためにあるのであ
って、それ以上でもそれ以下でもないことを確認しておくということである。し
たがって、保育施設経営・学校経営に携わる者（園（所）長・校長、副園（所）長・
副校長・教頭など）は、何をどのようにしていくことが子どもの保育の権利、あ
るいは子どもの学習権を保障することになるのかについて明確な認識を有して
いることが求められるといえよう。

　第 2 点は、上記の点とつながるが、保育施設経営・学校経営のトップリーダーとしての園長・校長は、「人間尊重主義」に立脚するマネジメントに努めていく必要があるということである。ここでいう「人間尊重主義」とは、中谷彪の主張に基づけば、「対話と合意を尊重しつつ、関係者のすべての者にとって実質的に最善のものを探究していくという手法⁹⁾」であるといえる。そして、その原点は「人間に対する愛と信頼¹⁰⁾」にあり、「この場合の愛とは、無私の愛、利他心（愛他的精神）であり、信頼とは人間に対する無限の信頼¹¹⁾」であるということになる。近年、園長・校長のリーダーシップのあり方が問われてきており、なかには、強いリーダーシップの下でトップダウン型の保育施設経営・学校経営を提唱するものやそれを確立しようとする動きも現れてきている¹²⁾。しかしながら、こうした方向、形ではなく、「人間尊重主義」の精神を踏まえて、保育施設経営・学校経営に携わる者は、「豊かなる愛他的精神を有するとともに、人間に対する無限の信頼を置くことのできる存在でなければならない¹³⁾」といえるであろう。

　そして、第 3 点は、保育施設経営・学校経営のめざすべき方向として、保育自治・教育自治の創造という視点から、保育・教育関係者参加のあり方をさらに検討していく必要があるということである。保育自治・教育自治をキーワードとする保育施設経営・学校経営における関係者参加論については、1990年代前半以降、鈴木英一・榊達雄を代表とする名古屋大学教育学部教育行政及び制度研究室の研究者グループ（筆者もその 1 人）が中心となって展開されてきているが¹⁴⁾、「自治」と「参加」に基づく営みとして、当事者としての子ども・保護者をはじめ、保育者・教師、地域住民、保育・教育行政職員など保育・教育に係るすべての人々が協働的な関係を構築していくことの大切さが唱えられている。近年、保育施設経営・学校経営の「法化」現象として、例えば、学校評議員（学校教育法施行規則第49条）や学校運営協議会（地方教育行政の組織及び運営に関する法律第47条の 5 ）なども設置されてきているが、こうした仕組みが、保育者・教師の専門（職）性の確立・充実の動きともリンクしつつ、地域におけるすべての保育・教育関係者の自治と参加を保障するものであるか否かが問われなければならないといえよう。

おわりに

　「チームとしての学校」あるいは「チーム保育」などという時、保育・教育の主体としての子ども（幼児・児童・生徒）は、そこにどのように位置づけられているのであろうか。1989年11月に採択された国連・児童（子ども）の権利に関する条約第12条（意見表明権）などに明記されているように、国際的に子どもの保育・教育参加の必要性や重要性は確認されているにもかかわらず、日本では、未だに、保育・教育における子どもの参加手続や制度は法定されていないのが実情である。保育施設経営・学校経営における重大なテーマであり続けており、今後の動静に注目したい。

|演習問題|

　1．保育施設経営の現状についてまとめてみよう。

　2．学校経営の現状についてまとめてみよう。

　3．保育施設経営・学校経営をめぐる課題について考察してみよう。

注

1）参照：伊藤良高『保育制度改革と保育施設経営——保育所経営の理論と実践に関する研究——』風間書房、2011年、56-59頁。

2）同上。

3）参照：伊藤良高「教育・福祉の民営化」井深雄二・大橋基博・中嶋哲彦・川口洋誉編著『テキスト 教育と教育行政』勁草書房、2015年、192頁。

4）参照：伊藤良高「認定こども園制度の改革」日本保育ソーシャルワーク学会監修、伊藤良高・櫻井慶一・立花直樹・橋本一雄責任編集『保育ソーシャルワーク学研究叢書第3巻 保育ソーシャルワークの制度と政策』晃洋書房、2018年、73頁。

5）近年、保育の受け皿拡大を支える保育人材確保策の1つとして、処遇改善を踏まえたキャリアアップの仕組みづくりが展開されている。そこでは、モデルイメージとして、保育所に、園長・主任保育士以下、「副主任保育士」（ライン職）、「専門リーダー」（スタッフ職）及び「職務別リーダー」といった新たな職が設けられている。ライン＆スタッフというこれまでにない職制階層が、保育所経営をはじめ、保育実践・子育て支援の質や職場における人間関係にいかなる影響を及ぼしていくか、今後の動きが注目される。それが、「保育の質向上」をスローガンに、園長を頂点とするピラミッド型の園組織体制や上意下達式の指揮命令系統の確立がめざされているとしたら、本末転倒であるといわ

ざるを得ない。

6 ）伊藤前掲書、116-117頁。

7 ）伊藤良高『保育制度改革と保育施設経営——保育所経営の理論と実践に関する研究——』風間書房、2011年、59頁。

8 ）中谷彪『学校経営の本質と構造』泰流社、1983年、16頁。

9 ）中谷彪『子どもの教育と親・教師』晃洋書房、2008年、35頁。

10）同上、38頁。

11）同上。

12）新型コロナウイルス感染症の発生により、保育施設・学校の現場では、感染拡大の防止や保育・教育の必要不可欠な活動の継続、適切な学校運営など遊びや学びを保障するための様々な努力がなされてきた。そのなかで、国レベルでは、ポストコロナ期のニューノーマル（新たな日常）における初等中等教育の姿として、1 人 1 台端末の本格運用に係る環境整備やデータ駆動型の教育への転換による学びの変革の推進、学びの継続・保障のための方策などが提言され、校長はリーダーシップを発揮して、新たな学びに対応した指導体制を整備することなどが求められている。子どもの「幸福」の実現という視点から、子ども主体の保育・教育とはいかなるものであるか、その在り方が改めて問われている（参照：教育再生実行会議「ポストコロナ期における新たな学びの在り方について（第十二次提言）」2021年 6 月）。

13）注 9 ）に同じ。

14）その成果として、鈴木英一・川口彰義・近藤正春編『教育と教育行政——教育自治の創造をめざして——』（勁草書房、1992年）、榊達雄編著『教育自治と教育制度』（大学教育出版、2003年）などがある。

15）藤枝律子「学校運営への生徒・保護者参加」日本教育法学会編『教育法の現代的争点』法律文化社、2014年、145頁、参照。

参 考 文 献

伊藤良高『〔増補版〕現代保育所経営論——保育自治の探究——』北樹出版、2002年。

伊藤良高『保育所経営の基本問題』北樹出版、2002年。

伊藤良高『幼児教育の明日を拓く幼稚園経営——視点と課題——』北樹出版、2004年。

伊藤良高『新時代の幼児教育と幼稚園——理念・戦略・実践——』晃洋書房、2009年。

伊藤良高『増補版　幼児教育行政学』晃洋書房、2018年。

伊藤良高『保育制度学』晃洋書房、2022年。

伊藤良高編集代表『ポケット教育小六法』晃洋書房、各年版。

伊藤良高・大津尚志・橋本一雄・荒井英治郎編『新版　教育と法のフロンティア』晃洋書房、2020年。

第11章
保育施設・学校を支える専門職
――スクールカウンセラー、スクールソーシャルワーカーを中心に――

はじめに

　保育施設や学校には様々な専門性をもった専門職が保育士や教師をサポートしている。少子化や都市化、ひとり親家庭の増加、子どもの貧困問題、発達障害を含む障害を抱えた子どもへの支援など、多様な事情を抱える子どもに適切に対応するためには、保育士や教師のみではマンパワーに限界がある。義務教育段階ではスクールカウンセラー（School Counselor：SC）やスクールソーシャルワーカー（School Social Worker：SSW）が学校教育法施行規則により制度化され、「チーム学校」という多職種連携を通じた児童生徒への適切な援助を行う枠組みの中で、いわば中核的役割を担う人材としての期待が高まっている。本章では、制度として整備されつつある義務教育段階での支援関連専門職の現状と、いまだ十分な法制化による整備が進んでいない保育施設における支援関連専門職の現状を対比させながら、現状の問題点を述べつつ、全体として保育施設や学校を支える専門職はどのような方向性を目指すことが望ましいのか示していきたい。

1　保育施設・学校を支える専門職の状況

　保育施設における心理学や社会福祉学の専門性を有する専門職は、現状で法的な配置が規定されていない。地域の発達障害支援を含む療育の専門家や保育者養成校の関係者などが適宜、保育士等に研修やケース検討会等を行っているのが実情であり、継続的な支援が行われることは少ない。一方で、子ども家庭福祉施設専門職まで広く捉えると、児童相談所における児童福祉司、福祉事務所における家庭児童福祉主事、家庭児童相談室における家庭相談員、子ども家庭福祉施設における児童指導員や関連分野の専門職など様々なものが挙げられる。[1]

　一方、小中学校の義務教育段階においては、文部科学省「教育相談に関する調査研究協力者会議」で2017年1月にこれまでの教育相談施策の取組をまとめ、そこでSCとSSWを大きく取り上げている。[2] 1995年に「スクールカウンセラー活用調査研究」（都道府県・政令指定都市対象の委託事業）が創設されたことが、SCが学校教育法施行規則に位置付けられたことの契機である。1998年6月の中央教育審議会では「新しい時代を拓く心を育てるために（答申）」で「スクールカウンセラーの果たす役割は極めて重要であり、子どもたちの心の問題の多様化・複雑化という状況を踏まえると、すべての子どもがSCに相談できる機会を設けていくことが望ましい」と提言され、2001年度からは「スクールカウンセラー等活用事業」として、都道府県・政令指定都市を対象とする補助事業が開始された。一方、2008年に「スクールソーシャルワーカー活用事業」（都道府県・市町村対象の委託事業）が創設されたのも、SCと同様にSSWが学校教育法施行規則に位置付けられたことの契機である。その後のニーズの高まりにしたがって、2009年度から「スクールソーシャルワーカー活用事業」として、都道府県・政令指定都市・中核都市を対象とする補助事業が開始されている。

　資格要件は、文部科学省「スクールカウンセラー等活用事業実施要領」（2018年4月1日一部改正）においてSCは、公認心理師、臨床心理士、精神科医及び大学等の教員等に加え、SCに準ずる者も規定され、いずれも実績を踏まえて都道府県または政令指定都市が選考している。[3] また、文部科学省「スクールソーシャルワーカー活用実施要領」（2020年4月1日一部改正）においてSSWは、社会福祉士や精神保健福祉士等の福祉に関する専門的な資格を有する者から、実施主体が選考している。[4]

　実際の配置校数は、SCが2020年度で29,643校と、1996年度の553校から25年間で約53.6倍、[5] SSWが2020年度で18,286校と、2012年度の6,507校から9年間で約2.8倍[6]といずれも増加している。

2　保育施設・学校を支える専門職の意義

　前節で述べたように子ども家庭福祉施設においては多様な専門職が活躍しているものの、保育所や幼稚園、認定こども園等の保育施設における専門職は明確に法的規定がなされていないため、今のところ民間団体が保育ソーシャルワーカー等の資格認定を行い、[7] 専門性を備えた人材育成を行いつつある現状に

ある。今後は新しい制度化などが必要となってくるだろう。なお、保育ソーシャルワーカーとは「保育ソーシャルワークに関する専門的知識及び技術をもって、特別な配慮を必要とする子どもと保護者に対する支援をつかさどる者」と定義されており、その役割は、① 保護者への相談支援、② 特別な配慮が必要な子どもへの保育実践、③ 家庭と地域社会、保育施設や社会的養護関係施設をつなぐこと、④ 保育施設や社会的養護関係施設におけるスーパービジョンを行うことの4点が挙げられる。[8]現状では、保育士や幼稚園教諭がさらなる専門的知識・技術を習得し、職場での保育実践に役立てるためのキャリアアップの意義を持つ資格である。

　一方、小中学校の義務教育段階における支援専門職の具体的な職務内容について、SC、SSW の職務内容はいずれも大きく分けて、予防的業務と危機介入時の業務の2種類がある。[9]まず、SC の予防的業務は不登校やいじめ等を未然に防止し、早期発見および支援、対応を行うことである。内容として、① 児童生徒および保護者からの相談対応、② 学級や学校集団に対する援助、③ 教職員や組織に対するコンサルテーション、[10]④ 児童生徒への理解、児童生徒の心の教育、児童生徒および保護者に対する啓発活動の4つがある。それに対して SSW の予防的業務は、① 地方自治体アセスメントと教育委員会への働きかけ、② 学校アセスメントと学校への働きかけ、③ 児童生徒および保護者からの相談対応（ケースアセスメントと事案への働きかけ）、④ 地域アセスメントと関係機関・地域への働きかけの4つがある。次に、危機介入時の業務とは不登校、いじめ等を学校として認知した場合またはその疑いが生じた場合や災害等が発生した際の援助を指し、SC の場合は、① 児童生徒への援助、② 保護者への助言・援助、③ 教職員や組織に対するコンサルテーション、④ 事案に対する学校内連携・支援チーム体制の構築・支援の4つ、SSW の場合は、① 児童生徒および保護者との面談およびアセスメントから見直しまで、② 事案に対する学校内連携・支援チーム体制の構築・支援、③ 自治体における体制づくりへの働きかけの3つがある。

３　保育施設・学校を支える専門職をめぐる課題

　法的側面では、まず保育施設や義務教育段階に共通して最も頻繁に対応がせまられるのが、児童虐待の問題である。「児童虐待の防止等に関する法律」（2000

年 5 月公布、2000年11月施行）では、4 つの虐待の類型、保育施設や学校を始めとした関係者には虐待を発見次第、都道府県の福祉事務所や児童相談所、市町村への通告義務が明記された。保育者や教師はその義務を負う最も重要な役割を担っているといえる。次に義務教育段階においては、いじめ対策については「いじめ防止対策推進法」が2013年 6 月に成立、2013年 9 月に施行され、いじめは児童生徒間で行われるものであり、学校教職員をはじめとする関係者がいじめを発見した際の通報義務や報告義務などが課せられ、インターネット等による行為もいじめに含むことが明記された。また、不登校については2016年に「義務教育の段階における普通教育に相当する教育の機会の確保等に関する法律」が成立・施行され、不登校児童生徒が義務教育を滞りなく受けられる方策を講じることが促され、国と地方公共団体の責務が明記された。

　課題としては、まず保育施設での専門職が法制化されていない現状が挙げられる。2004年の中教審幼児教育部会第13回会議では、幼稚園教育における保育カウンセラーの必要性について議論がなされている。そこでは従来の SC は就学後、保育カウンセラーは就学前という形で区別されている。しかし、その後は保育カウンセラーの法制化の動きはみられず、改めて議論を続けていく必要がある。また、学校での専門職として文部科学省によって SC の活用に関する実施要領が2018年に一部改正された。実施主体は都道府県と指定都市と変わらないが、大きな改正点は資格要件のトップに2018年から登録が始まった国家資格の公認心理師が明記されたことである。一方で、SC については安定した勤務条件を求める提案があり、現状の週 1 日勤務から週 2 日勤務や常勤職としての採用が必要であるという指摘がある。学校における専門職の課題としては、2015年の中教審「チームとしての学校の在り方と今後の改善方策について（答申）」の中間まとめで示されたように、国は学校教育法で SC と SSW を正規の職員とする施策を講じていくことが必要となる。

おわりに

　本章では保育施設や学校を支える専門職について述べてきたが、こうした支援職は、いわば「感情労働」と呼ばれる対人関係でのストレスを抱えやすい職種である。保育士や介護福祉士といった福祉職の給与水準の低さは社会的に問題となりつつあるが、SC や SSW といった専門職が常勤で仕事ができない現

状は、改善していかねばならない。こうした感情労働の担い手は、教師も含め、年々志望者が減りつつある。社会的地位の低さ、労働条件も含めた待遇の悪さが悪いイメージを生み出し、例えば保育士の資格をもっていても、保育士として従事しない人々が多く存在する。経済を活性化させ、国に富みをもたらす産業のみに価値が置かれ、こうした感情労働の担い手を軽視する風潮を改めなければ、日本の保育や教育の基盤が揺らぎかねない憂慮すべき状況にあるといえるだろう。

演習問題

1．保育施設を支える専門職の現状と役割についてまとめてみよう。
2．学校を支える SC や SSW の現状と役割についてまとめてみよう。
3．保育施設や学校における専門職に関する法的側面と課題についてまとめてみよう。

注

1）矢島雅子「子ども家庭福祉専門職をめぐる動向と課題」伊藤良高・永野典詞・三好明夫・下坂剛編『新版子ども家庭福祉のフロンティア』晃洋書房、2015年、59-66頁。
2）文部科学省「教育相談に関する調査研究協力者会議」2017年1月。
3）文部科学省「スクールカウンセラー活用事業実施要領」2018年4月一部改正。
4）文部科学省「スクールソーシャルワーカー活用事業実施要領」2016年4月一部改正。
5）文部科学省「スクールカウンセラー等活用事業に関するQ&A」2021年。
6）文部科学省「スクールソーシャルワーカー活用事業に関するQ&A」2021年。
7）日本保育ソーシャルワーク学会では、2016年から初級・中級・上級保育ソーシャルワーカーの認定をしている。詳細は日本保育ソーシャルワーク学会HPを参照のこと。（https://jarccre.jimdo.com/、2022年8月31日最終確認）。
8）日本保育ソーシャルワーク学会編『保育ソーシャルワーカーのおしごとガイドブック』風鳴舎、2017年。
9）注2）に同じ。
10）コンサルテーションとは、複数の専門家間で具体的な対応等について専門性の立場から助言を行うことをいう。ただし、実際の対応に伴う責任はコンサルタント（助言をする人）ではなく、コンサルティ（相談する人）が負う。また、コンサルティの個人的な悩みの解決を目的とするものではない。
11）児童虐待には、①身体的虐待、②心理的虐待、③ネグレクト（育児放棄）、④性的虐待の4つの類型がある。加害者は主に母親であるが、これは育児の負担が大きく母親に偏ることが多いことや、ひとり親家庭の多くが母子家庭であることなどが背景にあ

り、性的虐待は継父により行われることが多いなど、家族の複雑な問題が背景にあると考えられる。また国と地方公共団体には、児童虐待を早期発見する制度整備等、努力義務が課されている。

12）文部科学省「保育カウンセラーの専門性」中央教育審議会初等中等教育分科会幼児教育部会第13回会議資料、2004年。

13）下坂剛「保育カウンセリングと保育ソーシャルワーク」日本保育ソーシャルワーク学会編『改訂版　保育ソーシャルワークの世界——理論と実践——』晃洋書房、2018年、145-154頁。

14）文部科学省「スクールカウンセラー等活用実施要領」2018年一部改正。

15）文部科学省「スクールカウンセラーの役割と活動の在り方」中央教育審議会チーム学校作業部会第4回会議資料、2015年。

16）文部科学省「チームとしての学校の在り方と今後の改善方策について（答申）」中間まとめ、2015年。

参 考 文 献

伊藤良高・永野典詞・三好明夫・下坂剛編『新版　子ども家庭福祉のフロンティア』晃洋書房、2015年。

河村茂雄編『教育相談の理論と実際』図書文化社、2012年。

日本保育ソーシャルワーク学会編『保育ソーシャルワーカーのおしごとガイドブック』風鳴舎、2017年。

コラム3

▶保育ソーシャルワーカーに期待されるもの

子育て家庭を取り巻く問題の増加と保育者の対応

保育所や幼稚園、認定こども園では、各施設を利用する保護者の抱える幅広い子育て課題に対応する。子育ての仕方が分からないといった子育てそのものに関する課題に加えて、児童虐待などの不適切な養育においては、その背景に保護者が子育て以外の生活困難を抱えていることが多い。ここでいう生活課題とは、家庭の貧困、保護者自身の病気や障害、孤立、家族関係の不和などが挙げられる。

厚生労働省によれば、児童虐待の対応は、自立した育児が可能な虐待ローリスクから生命の危険等の最重度虐待までのレベルの異なる事例への対応が含まれていると指摘する。[1] 主に保育所などが対応するのは、虐待ローリスクおよび虐待ハイリスクの家庭となろう。虐待ハイリスク家庭に対しては、集中的虐待発生予防や虐待早期発見・早期対応を目標として、養育方法の改善等による育児負担軽減、保護者の抱える問題を改善する支援、親子関係改善に向けた支援が求められる。

このようなことから、保育者には生活困難を見定め、直接的な親子支援に加えて、その背景にあるさまざまな環境に働きかける保育ソーシャルワークに関する知識や技術が求められる。

保育ソーシャルワーカーとは

保育ソーシャルワーカーとは、「保育ソーシャルワークに関する専門的知識及び技術をもって、特別な配慮を必要とする子どもと保護者に対する支援をつかさどる者」[2] である。ここでいう「保育ソーシャルワーク」とは、保育及びソーシャルワークの学際的・統合的な理論と実践の総称である。また、「特別な配慮を必要とする子どもと保護者」とは、障害のある子どもや生活上の問題を抱える子ども、育児不安や虐待など養育や生活上の問題を抱えている保護者を指す。つまり、保育ソーシャルワーカーとは、保育とソーシャルワークを系統的に学び、特別な配慮を必要とする子どもと保護者を支援する者といえる。

保育ソーシャルワーカーの主な業務は、以下のとおりである。[3]

① 子どもに対する保育ソーシャルワーク実践
② 保護者に対する保育指導
③ 子どもの保育に対する相談・助言、情報提供

　④ 関係機関・関係者との連携

　⑤ 地域における社会資源の調整、整備、開発

　⑥ 保育士・幼稚園教諭・保育教諭等保育者に対するスーパービジョンや保
　　育実践への支援

　このように保育ソーシャルワーカーには、子育ち・子育てを支えるための多様
な役割が期待されている。

保育ソーシャルワーカーになるためには

　保育ソーシャルワーカーは、日本保育ソーシャルワーク学会認定の資格であ
る。保育ソーシャルワーカーは、初級、中級、上級の3つに区分されており、取
得のためには研修を受講したり、要件を満たしたりする必要がある。ここでは、
基本資格である、初級保育ソーシャルワーカーの取得について紹介する。

　初級保育ソーシャルワーカー取得のためには、2日間程度の「初級保育ソー
シャルワーカー養成研修」を受講しなければならない。[4)] 受講要件は特になく、誰
でも受講できる。

　受講科目は、「保育ソーシャルワーク論Ⅰ」「保育ソーシャルワーク論Ⅱ」「保
育ソーシャルワーク論Ⅲ」「子どもの権利と権利擁護」「保護者・子育て支援概論」
「保育学概論」「保育ソーシャルワーク演習Ⅰ」「保育ソーシャルワーク演習Ⅱ」
の8科目である。なお、保育士資格や幼稚園教諭免許状、社会福祉士、精神保健
福祉士の資格保持者は一部科目が免除される。

　研修最終日の最後の時間に、修了レポートを作成し提出する。そのレポートに
より、初級保育ソーシャルワーカーの認定の可否を決定する。認定されれば、学
会への登録、認定証の交付を経て、初級保育ソーシャルワーカーとして名乗るこ
とができる。

　保育関係者などからの保育ソーシャルワーカーに関する日本保育ソーシャル
ワーク学会への問い合わせは多く、それだけ保育ソーシャルワークや保育ソー
シャルワーカーへの期待が高まっているといえよう。

注
1）厚生労働省『子ども虐待対応の手引き（平成25年8月改正版）』有斐閣、2014年。
2）伊藤良高「保育ソーシャルワーカーの定義とは何ですか？」日本保育ソーシャル
　　ワーク学会編『保育ソーシャルワーカーのおしごとガイドブック』風鳴舎、2017年、

18頁。

3）同上。

4）初級保育ソーシャルワーカーの資格取得に関しては、要件によっては書面のみの
　申請でも可能である。

コ ラ ム 4

▶部活動の指導をめぐる議論の動向

　中学生・高校生にとって学校生活において大きなウエートを占めることの多い
ものが部活動である。教員志望者のなかには「部活動の顧問になりたい」ことを
志望理由の１つにする者もいる。しかし、本来部活動は教育課程の外にあるもの
で、教員の職務の範囲に収まることと明記されてはいない。部活動には分野別の
免許などない。運動部活動については、顧問のうち保健体育以外の教員で担当し
ている部活動の競技経験がない者が中学校で約46％、高校では約41％というデー
タがある。それでは、教員にとってやりがいを感じにくいものとならざるをえな
い。生徒にとっては技術の向上へつながりにくいという結果を招く。

　近年、学校の担う役割が拡大・多様化し、教員の多忙、勤務時間の長さが問題
にされている。教員の勤務時間を長くする一因として、部活動の練習時間が長く
なる傾向があることは間違いないであろう。2013年12月21日には中央教育審議会
が「チームとしての学校の在り方と今後の改善方策について」という答申をだし
たが、学校の抱える課題が複雑化・多様化するなかで、教員以外（スクールカウ
ンセラーやスクールソーシャルワーカー、司書、ICT支援員、外国語指導助手、医療の
専門家、看護師、帰国・外国人児童生徒等のための日本語指導員、など）のスタッフ
の学校への参画が求められている。「専門性に基づくチーム体制の構築」が言わ
れることの一環として、「部活動に関する専門スタッフ」を「部活動指導員」と
しておくことが提言された。日本の学校は教科指導以外にもさまざまな役割を
担っているゆえ、教員以外の専門スタッフとの連携が求められるようになった。
教員が「子どもと向き合う時間」を確保するためでもある。

　答申をうけて、2017年３月の学校教育法施行規則の改正により、同年４月より
「部活動指導員」が正式に制度化された。従来、外部指導員として教員以外のス
タッフが雇用されて部活動の指導にあたっていたことがあったが、正式な位置づ
けとなり、指導員のみの試合引率なども可能となった。

　近年、部活動の練習日数が増えている、長時間化しているという傾向がある。
10年前に比して中学校教諭が土日に部活動にかけている時間は倍増していると
いうデータがある。2018年３月にはスポーツ庁が「運動部活動の在り方に関する
総合的なガイドライン」を公表して、「適切な休養日等の設定（週当たり２日以
上）」、「１日の活動時間は長くとも平日では２時間程度、学校の休業日は３時間
程度」といった指針を示した。過度の練習はスポーツ障害や外傷にもつながりか
ねず、生徒にとってトレーニング効果をあげるとはかぎらないことや、運動、食

事、休養、睡眠のバランスのとれた生活を送るべき、という提言である。同ガイドラインは、ただちに学校に遵守義務が生じるものではない。教育委員会が対応しているところとそうでないところがある。文化部活動のガイドラインについては、2018年12月に文化庁により示された。文化部においても例えば吹奏楽部など長時間の練習が問題となりがちなところもある。

　部活動は生徒の「自主的な活動」と学習指導要領上は位置づけられているが、学校によっては部活動に参加するのは必須のようになっているところもある。調査書（内申書）や推薦入試にかかわることもある。必ずしも生徒が自発的に行っている活動になっているとは限らないという現実がある。

　文部科学省は上記施行令の改正と同時に発した通知において、部活動指導員の任用の要件は、「指導するスポーツや文化活動等に係る専門的な知識・技能のみならず、学校教育に関する十分な理解を有する者」としている。部活指導員の職務としては、以下のものを挙げている。

　　　実技指導／安全・障害予防に関する知識・技能の指導／学校外での活動（大会・練習試合等）の引率／用具・施設の点検・管理／部活動の管理運営（会計管理等）／保護者等への連絡／年間・月間指導計画の作成／生徒指導に係る対応

　部活動指導員を雇用することによって、競技・指導経験のあるものが顧問をすることができる、教員の負担を減らすことができる、という効果が期待されている。部活動指導員に教員免許や指導経験をどの程度要求するかは、教育委員会の裁量である。部活動指導員になるために教員免許は必須の要件ではない。しかし、スポーツクラブでの指導と、部活動の指導は同じとはいえない点も多い。上記でいう「保護者等への連絡」は生徒1人1人のことをさまざまなことを含めて理解したうえで行わなければならない。「生徒指導に係る対応」はスポーツクラブで行われる指導とは同一ではない。部活動は生徒指導（仲間意識や連帯感の育成、上下関係などの礼儀を学ぶなど）の側面も有している。

　文部科学省は2018年度から4年計画で、中学・高校で1校あたり3名の部活動指導員を配置することを計画している。しかし部活動指導員に「予定の人数があつまらない」という現象がおきていることがすでに報道されている。給与は時給1600円程度、部活動の指導の性質上変則的な勤務時間とならざるをえない、多くの場合は1年契約という部活動指導員の労働条件では、そのような事態は生じうることである。

　部活動への熱意は教員によって濃淡がある。部活動に熱心な教員もいるが、そうでない教員に部活動の指導を義務づけるのは、勤務時間内におさめることが不可能である以上問題があるといえよう。一方で、部活動を廃止するのであれば、中学・高校生に代替の機会を提供すること、社会教育への移行は簡単にできるのか、といった問題が生じる。2020年9月に文部科学省ほかは「学校の働き方改革を踏まえた部活動改革について」という通知を出しておりその後、部活動の地域移行が運動部・文化部ともに検討されている。

　この文章の読者にとって、「部活動から得ることができたもの」はさまざまであったであろう。もし教員になったとして、部活動とどのような距離をとりたいかは、部活動の歴史的経緯を踏まえたうえで各自考えてほしい。さらに、部活動とどのように距離をとることができるかは「勤務する学校」の事情によるわけで、必ずしも希望通りいかないことを留意しておいてほしい。例えば、学校の都合で自分が経験のないスポーツの指導をすること（場合によっては試合の審判をするための勉強もしなければならないこともある）がある。また例えば、自分は部活動からは距離をおきたいと考えていたとしても、私立学校などで「部活動で学校の名前を売ることは、学校の宣伝のためであり、少子化のなかでの生徒数の確保、学校の存続のための至上命題」となっている場合もある。

　いずれにせよ、教員採用試験は、「担任する教科指導ができる人」を採用する試験であって、「部活動の指導ができる人」が求められているのではない。教科指導の能力を軽視してはならない。

参考文献

内田良『学校ハラスメント』朝日新聞出版、2019年。

神谷拓『生徒が自分たちで強くなる部活動指導』明治図書、2016年。

神谷拓監修『部活動学』ベースボールマガジン社、2020年。

中澤篤史『そろそろ、部活のこれからを話しませんか』大月書店、2017年。

長沼豊編『部活動改革2.0』中村堂、2018年。

第12章
保育施設・学校と専門機関・地域社会との連携・協働

はじめに

　今日、家庭の子育て環境は以前と比べ随分と様相を変えてきている。家庭内における子育ての協力体制に関係する世帯構造の変化を「2021（令和3）年国民生活基礎調査の概況[1]」から確認しておくと、「三世代世帯」は1986年の575万7000世帯から2021（令和3）年の256万3000世帯へ減少するとともに、平均世帯人員数についても1986（昭和61）年の3.22人から2021（令和3）年の2.37人へ減少してきていることが報告されている。

　一方で、子育て家庭を取り巻く地域環境に目を向けてみると、親が子育てに行き詰った場合に容易に子育て経験者等からの手を借りることができていた時代から一変し、最近では都市部や地方を問わずこうした光景を目にする機会が少なくなってきている。これを裏づけるかのように総務省の2022（令和4）年「地域コミュニティに関する研究会報告書[2]」では、地域におけるつながりの希薄化への危機感が指摘されている。また、これらは都市化、情報化、国際化に個人主義的傾向の加速化も相まって、従来のような地域活力を生かした子育てを期待していくことが難しくなっていることを示唆するものでもある。子どもの育ちに関わる者は、今日の子育て家庭が置かれる環境を客観的にみておくことが大切であり、親が周囲の子育て経験者等から子育てへの協力を得られない環境に身を置いている場合には、子育てストレスの蓄積から不適切な養育や児童虐待へつながる可能性があることを視野に収めておく必要がある。一連の子どもたちの健やかな育ちを脅かすような問題には迅速かつ適切、そして円滑に対処していくことが重要となるが、これを実現するための鍵となるのが、家庭に身近な存在として位置づく保育施設、学校、各専門機関等のフォーマルな社会資源による"連携"であり、地域住民やボランティア組織等を加えたインフォーマルな社会資源まで含む"連携"である。

　本章では、子どもの健やかな育ちを保障していくための家庭とそこに最前線で関わる保育施設、学校、各種専門機関、そして地域社会との連携・協働の必要性とそれを効果的に機能させていく視点及び考え方について論じていく。

1　子どもの育ちとそれをめぐる環境の変化

　中央教育審議会（以下、「中教審」という）の「子どもを取り巻く環境の変化を踏まえた今後の幼児教育の在り方について（答申）³⁾」では、近年の子どもの育ちの課題が触れられている。それは基本的な生活習慣や態度が身についていない、他者とのかかわりが苦手、自制心や耐性、規範意識が十分に育っていない、運動能力が低下している等といった課題である。また、保育所や幼稚園等の卒園後に入学してくる小学校 1 年生の教室においては「学習に集中できない、教員の話が聞けずに授業が成立しないなど学級がうまく機能しない状況が見られる」という点についても取り上げている。

　同じく前出の中教審答申⁴⁾は、子どもの育ちをめぐる環境の変化と地域社会の教育力の低下についても触れている。子どもが成長し自立する上では、実現や成功などのプラス体験はもとより、葛藤や挫折などのマイナス体験も含め、「心の原風景」となる多様な体験を経験することが不可欠であるという見方を示した上で、具体的に、少子化や核家族化の進行により、子ども同士が集団で遊びに熱中したり、時には葛藤しながら、互いに影響し合って活動する機会の減少など、さまざまな体験の機会が失われていることを取り上げている。その他、都市化や情報化の進展により、子どもの生活空間の中に自然や広場などといった遊び場が少なくなる一方で、テレビゲームやインターネット等の室内の遊びが増えるといった偏った体験や人間関係の希薄化等により、地域社会の大人が地域の子どもの育ちに関心を払わず、積極的にかかわろうとしない、または、かかわりたくてもかかわり方を知らないという傾向が見られることもあわせて指摘されている。

　子どもの健やかな育ちを保障していくための第一歩は、子どもの内面や育ちの理解とあわせ、子どもが育つ環境面を客観的かつ一体的でとらえる目をもつということにある。子どもの育ちに関わる関係者にあっては、子どもを取り巻く育ちの環境が子どもの発達に大きく関係するということを忘れてはならない。またそれと合わせ、いつの時代にあっても子どもの育ちと子育て環境は絶

えず変化しているということも強く意識しながら、子どもの健やかな育ちを可能にする環境について考えていく必要がある。

2 家庭における子育ての姿

　ここでは子どもの育ちに直接かかわる現代の子育て家庭が置かれている特徴を捉えていきたい。ここまで述べてきたように、子どもの育ちに関わる関係者は子どもの育ちや親の子育てに関わらなくなってきている傾向がみられる。最近ではそれを象徴する言葉として多方面で「子育ての孤立化」ということばを耳にするようになってきた。この「子育ての孤立化」の問題点は、それによって子育てやくらし面での肉体的、精神的ゆとりを親から奪い、保護者自らが抱えている子育て・生活課題（ニーズ）すら見えにくくしたり、仮に自分の子育て・生活課題を自覚していたとしても、親自らがその問題を乗り越えようとする意欲や力を奪い、ひいては子どもの育ちにマイナスの影響を及ぼすということにある。よって、子どもの健やかな育ちの保障の中心にはやはり安定と安心に包まれる家庭の子育てのありようが重要になる。子どもの育ちの保障の実現を阻む障壁、つまり親が子育てに対し肉体的、精神的にゆとりをなくし、それが不適切な養育を招く状態に陥っていたとしても第三者の支援に辿りつかない状況は、親が抱える問題を潜在化させ、子どもの健やかな育ちの保障に支障をきたす恐れをはらんでいる。周囲が子育てに手を貸しにくい、そして家庭が孤立化に向かいやすい現代にあってこそ、第三者による子育て家庭への支援ネットワーク網の必要性が高まっているという見方ができるといえよう。

3 社会資源の連携・協働の必要性

　地域のつながりの希薄化をはじめとする地域環境が子育て家庭を孤立化させる一因となり、家庭の子育てや子どもの育ちを不安定にしている今、こうした状況をどのように打開すべきか。以前の伝統的な日本の地域社会を象徴する「地域共同体モデル」のような自然発生的な血縁、地縁によるつながりを生かした子育ち、子育て体制を備えている地域社会が徐々に姿を消してきているのであれば、特定の課題に対し関心をもつ人々によって、人為的、計画的に生み出された組織集団による有機的連携・協働の養護及び教育の展開に期待しないわけ

にはいかない。子どもの健やかな育ちの保障という観点でみれば、子どもと家庭を中心に置きながらも、その育ちを最前線で支える保育施設、学校、そしてこれらを取り囲む形で地域に存在する多様な専門機関同士の連携・協働がますます重要になるという訳である。

　こうした考え方は、今般改訂された保育所保育指針からも読み取れる。厚生労働省の保育所保育指針解説（2018年3月）では、今回の改定の方向性の1つに「保護者・家庭及び地域と連携した子育て支援の必要性」が示されている。こうした方向性が提示されることになった背景には、多様化する保育ニーズに応じた保育、特別なニーズを有する家庭への支援、児童虐待発生予防と虐待発生時の的確な対応の必要性が挙げられている。一連の問題への対応を着実に進めていくためには、保育施設や学校だけで請け負い、また解決までつなげようとしても限界があり、地域の強みを結集した支援、すなわち地域に存在する子育て支援機関や団体等との連携・協働に基づく支援がこれまで以上に求められる。今般改定の保育所保育指針もこうした考えを示唆するものと考えられる。

　一方で、学校教育の分野に目線を移すと2015年12月に中教審が「チームとしての学校の在り方と今後の改善方策について（答申）【骨子】」を取りまとめており、そこでは教育活動の更なる充実の必要性や複雑化・多様化した課題等に対応していくための「チームとしての学校」の必要性とその在り方に対する考えがまとめられている。「学校と教員の役割は、子供に必要な資質・能力を育むことであることから、学校と家庭や地域との連携・協働により、共に子供の成長を支えていく体制を作り、学校や教員が、必要な資質・能力を子供に育むための教育活動に重点を置いて、取り組むことができるようにしていくことが重要」という内容である。

　一連の指針や答申から読み取れるのは、子どもの健やかな育ち、そして家庭の安定した子育てを妨げとなるような問題への解決に対しては保育施設や学校だけで取り組むのではなく、家庭、専門機関、地域社会と連携・協働する体制をいかに構築していくかという点にあると考えられる。貧困問題や虐待問題、家族関係の不和、そして教育活動に係る諸問題などが複合的、複雑的に絡み合いながら本来子どもが秘めている育ちへの可能性が阻まれているケースは少なくない。例えば、貧困という課題は直接的に子どもの育ちに欠かせない人間関係や社会経験の機会を乏しくさせるとともに、家庭からくらしのゆとりを奪いとることで、時としてそれが子どもに対する不適切な養育や虐待問題にもつな

がる恐れをはらんでいる。また、こうした家庭は子どもが通う保育施設や学校との関わりが少ないケースもあり、子どもの育ちに関する情報が共有されにくくなるリスクを抱えている。当然にして家庭側と保育・教育施設側との情報共有不足は、子どもの育ちの発展のために必要不可欠な遊びや教育活動にまで支障をきたす事態につながる。

　子どもの育ちに最前線で関わる保育施設や学校こそ、子ども、家庭の最初の変化に気づくことが可能となる第一義的な組織である。また子どもの育ちに関係する何かしらの問題が生じた場合、初動支援ないしは、その後の支援の起点になっていく組織でもある。子育ち・子育てに対し機能不全を起こしている状況の緩和、改善のために地域には多くの社会資源が用意されている。子育て問題が円滑に解決されるには、まず地域に存在する社会資源の特性や強みが最大限生かされるような連携・協働を目指す必要がある。

4 保育施設・学校と専門機関・地域社会との連携・協働に必要な視点

　一口に連携・協働といっても多様な形態や在り方が存在し、本来、特性や機能が異なる他職種、他機関が手を組むというのは言葉でいうほど容易なことではない。問題解決のためには保育施設・学校と専門機関・地域社会による連携・協働が有効に機能していくための道筋が立てられていくことが望まれるが、前出の保育所保育指針や中教審答申では一歩踏み込んだ連携の在り方や内容については触れられていない。どのような連携・協働の在り方が望ましいかという点に問題意識を持ち、課題解決を図るために効果的な各種社会資源の連携、協働の視点を提起すると、具体的には3つの視点で連携、協働を展開させていく必要がある。その3つが「事前連携」、「現状的連携」、「連続的連携」である。

　子どもの貧困問題をはじめ虐待問題、暴力問題等への対応について共通する重要な考え方はいかにこうした問題を発生させないかにある。つまり、発生の"予防"のための連携が極めて重要ということである。問題に発展する前段階で子ども、親の変化や兆候、そして潜在的ニーズに保育施設や学校が気づき、今後の問題の拡充に備え然るべき地域の専門機関と連携した予防的アプローチを提供するための連携、協働が「事前連携」である。

　また、今まさに子どもや保護者に降りかかっている子育ち・子育て問題に対し練り上げられた支援目標と計画に沿った援助の実施を行うために、その時点

でフォーマル、インフォーマルの社会資源が連携し合うことが「現状的連携」である。

　さらに「連続的連携」とは子ども・保護者が抱えていた問題が解決された場合においてもなお、その先の家庭生活や子育て課題は日々変容するという見通しを立て、各専門機関等が、この先の子育てや生活のさらなる安定化のために、継続的、連続的に連携するということを指す。例えば保護者が子育てに孤立化しており、育児ストレスを原因とした不適切な養育を行ってしまっている場合、育児ストレス軽減のための地域の社会資源をつなぎ、親の子育て負担が軽減され、子育てが順調にまわりはじめたとしても、それは一時的な負担の軽減かもしれないし、その状態が長く続くかといった保証はない。支援をつないだ後でも、長期的な視野で子育て家庭を取り巻く専門機関等が連携し、継続的に子育てを観察、サポートしていくことは重要といえる。こうした連携がゆくゆくは問題発生予防につながるという視点も子ども、保護者に関わる支援者そして支援機関は持ちあわせながら関わる必要性がある。

おわりに

　子どもの健やかな育ちを脅かす子育て問題解決を目指す上でこうした3つの視点で保育施設・学校と専門機関・地域社会との連携・協働が組まれ、地域力が最大限引き出される形で実践展開に結び付くためには、何より連携・協働の起点となるコーディネーターの存在と力量が問われることになる。しかしながら現時点で、それを誰が担うべきなのかといった援助主体、またコーディネーターの育成、コーディネートの方法論等については、十分に議論が尽くされていない状況がみられる。連携・協働が理念レベルで終えることなく、現実実践レベルで高い支援効果を発揮するようになるためには、改めてこうした課題から問い直される必要があるだろう。

[演習問題]
1. あなたの地域の子育て支援に関係するさまざまな社会資源について調べてみよう。
2. 保育施設・学校と専門機関・地域社会との連携・協働の意義や必要性について考えてみよう。
3. 社会資源が連携・協働にあたり、その起点となるコーディネーターに求められる資質、

能力について考えてみよう。

注

1）厚生労働省「2021（令和3）年国民生活基礎調査の概況」（https://www.mhlw.go.jp/
　toukei/saikin/hw/k-tyosa/k-tyosa21/dl/12.pdf　2022年10月10日最終確認）。

2）令和4年（2022年）4月　地域コミュニティに関する研究会「地域コミュニティに関
　する研究会　報告書」、1頁（https://www.soumu.go.jp/main_content/000819371.pdf）。

3）中央教育審議会「子どもを取り巻く環境の変化を踏まえた今後の幼児教育の在り方に
　ついて（答申）子どもを取り巻く環境の変化を踏まえた今後の幼児教育の在り方につい
　て──子どもの最善の利益のために幼児教育を考える──」2007年1月（http://www.
　mext.go.jp/b_menu/shingi/chukyo/chukyo 0 /toushin/05013102.htm　2018年10月19日
　最終確認）。

4）同上。

5）厚生労働省雇用均等・児童家庭局保育課『保育所保育指針解説』フレーベル館、2018
　年3月。

6）文部科学省ホームページ「中央教育審議会 チームとしての学校の在り方と今後の改
　善方策について（答申）【骨子】」2015年12月（http://www.mext.go.jp/b_menu/shingi/
　chukyo/chukyo 0 /toushin/attach/1366271.htm　2018年10月19日最終確認）。

参 考 文 献

伊藤良高・宮﨑由紀子・香﨑智郁代・橋本一雄編『保育・幼児教育のフロンティア』晃洋
　書房、2018年。

日本保育ソーシャルワーク学会編『改訂版　保育ソーシャルワークの世界──理論と実践
　──』晃洋書房、2018年。

フランシス・J・ターナー編、米本秀仁監訳『ソーシャルワーク・トリートメント──相
　互連結理論アプローチ──下』中央法規、1999年。

宮田和明・加藤幸雄・牧野忠康・柿本誠・小椋喜一郎編『社会福祉専門職論』中央法規、
　2007年。

第13章 諸外国における保育者・教師をめぐる動向

Ⅰ アメリカ

1 アメリカの学校教育と保育者・教員養成のしくみ

① 教育事項は州の権限

アメリカ合衆国憲法修正第10条の規定により、アメリカでは教育事項は各州の権限である。学校教育制度および就学前教育の基準は州ごとに定められ、その実質的な管理運営は各学区の教育委員会を中心に行われている[1]。連邦政府には教育省(United States Department of Education)や保健福祉省(United States Department of Health and Human Services)があるが、各州への直接的な介入はしないで、調査・統計・助言・支援等を主要な任務としている。これが、アメリカの教育行政が地方分権的であると言われるゆえんである。

② 州ごとに異なる教員養成制度

教員資格や教員養成についても、アメリカには全国的に統一された法令や基準が存在しない。教員養成の基準を決めるのは州の教育委員会である。教員養成プログラムや教員免許取得要件が州によって異なるため、教員免許は原則として取得した州内でのみ有効である。他の州で教職に就く場合は、改めてその州の教員資格を申請・取得する必要がある。

初等・中等教育の教員免許取得について、多くの州で共通する条件は、① 学士以上の学位を取得すること、② 大学等で開講される州認可の教員養成プログラムを修了すること、③ 州が指定する教員資格認定試験で合格基準を満たすこと[2]、④ インターンシップや教育実習の教職経験があること、である。

アメリカの教員免許制度は上進制・更新制を採用している。ほとんどの州で大学卒業と同時に取得できるのは、2〜5年の有効期限付き「仮免許状(provisional certificate)」である。教職志望者が「正規教員免許状(professional certificate)」を取得するためには、数年の教職経験を積み、大学院や州・学区

で開講される研修プログラムを受講し、州が定めた単位数を修得しなくてはならない。[3)] また正規の教員資格を得た後も、教員免許更新のために定期的で継続的な研修を受けなければならない。

　さらに、教育学または担当科目の専門分野において修士以上の学位取得者であれば、州が認定する「上級教員免許状（advanced professional certificate）」の授与を申請できる。上級教員資格は昇給や学校管理職への任用にも繋がる。こうした教員養成教育、現職研修が大学院を基盤として行われている現状から、アメリカの教員養成の重点が大学院レベルに移行しているといえる。

　幼稚園（kindergarten）の教員免許取得の条件は初等・中等学校の教員と共通であり、同じく更新研修に参加することが求められる。一方、保育士資格（child care center や preschool）は、高校卒業資格と１年間の幼児教育プログラムを修了することで取得可能である。

2　アメリカの教員資質向上政策

　1983年に発表されたアメリカ教育省長官の諮問機関による報告書『危機に立つ国家』を契機として、スタンダード（教育目標）とアカウンタビリティ（結果・成果）を標榜する教育改革が全米レベルで推進されてきた。その結果、学校教育の質は児童生徒の学力テストの点数によって、個々の教員の指導力や専門性による貢献度は学力テストの点数や伸び率によって、評価されるようになってきた。さらに2002年の「落ちこぼれ防止法（No Child Left Behind Act）」制定以降、教員評価・学校評価は学校統廃合や補助金配分の指標として用いられるようになり、州の教育スタンダードによる学校管理統制の強化が一気に進んだといわれている。

　2016年、連邦教育省は「教員養成課程に関する法案（Teacher Preparation Regulations）」を公表した。これは、各州で認可されている教員養成プログラムの教育効果に関する情報収集を、州政府に求めるものである。これによって、修了者の教員採用率、勤務校の教員や校長からの評価、児童生徒の成績への貢献度、等のデータが公表され、教員養成プログラムの効果の透明性が高まることが期待されている。教職志望者のプログラム選択に寄与する一方で、州が教育効果の少ないプログラムへの改善や廃止を促す選別の機会となるのではないかと危惧される。

3　アメリカの保育者・教員の社会的教育的位置と課題

　国家の発展のために教育の質的向上と教員の資質向上を高唱するアメリカ政府である。しかし、その教職がアメリカでは"魅力のない職業"のひとつとなっている。以下では、その要因の指摘と改善とを兼ねて、教職を"魅力ある職業"としていくための視点を幾つか提示してみたい。

　1つは、教職の待遇の問題を解決することである。アメリカの教員や保育者の給与水準の低さは長年の課題である。米国労働省労働統計局の推計によると、2020-21年度の年間平均給与は、小学校教諭6万7080ドル、中等教育教諭6万9530ドル、幼稚園教諭6万4490ドル、保育士3万6460ドルであった。全国的に見れば、初等中等教諭の年間平均給与は過去10年間で1万ドル上昇しており、教員の給与水準は改善されてきたと言える。ただし、州ごとの平均給与を比較すると、ニューヨーク州の8万7千ドルからミシシッピ州の4万7千ドルまで、4万ドルの幅がある。また、改善されたと言っても教員の給与水準は、薬剤師の約半分、看護師の約8割にとどまっており、専門職としての評価は低いと言わざるを得ない。教員とその家族とが文化的な生活水準を維持できるとともに、その教育的専門性の向上に専念できる給与を保障することが喫緊の課題である。

　2つは、教員の離職率を低め、教員が長期的に教職に在職できるようにすることである。アメリカでは教員の離職率の高さが深刻な問題となっている。採用後1年以内に30%、5年以内に半数が離職するという。とりわけ、貧困層やマイノリティの多い都市部での教員の離職率が慢性的に高いのは、教育困難校が多いことが理由として考えられる。さらに、2020年からの新型コロナ感染症によるパンデミックが、勤務評定や給与に対する教員の不満や学校組織運営への不信感に追い打ちをかけ、多くの教員に離職を考える契機を与えたとの調査結果もある。バランスよく新人・中堅・ベテランの教員層で構成される学校が理想とするならば、経験豊かで力量ある教員の存在は学校の必須要件である。

　3つは、教職の仕事を魅力あるものとすることである。アメリカの公立学校では、教室教員は学校教育制度の末端に位置づけられ、カリキュラムに従って子どもたちの授業をつかさどる。通常、学校の管理運営や学校の教育方針に公的に参画したり意思表明したりすることは認められていない。児童生徒と日常的に親しく接している教室教員こそ、子どもを一番知るものとして、その意見が尊重されるべきである。

　4つは、優秀な人材を教育界に迎え入れることである。教員の養成・採用・研修を通して、教員が人間的かつ教育的に成長できるようなシステムを用意するべきである。近年、大学既卒者を対象に短期間の教員養成プログラム受講で「代替的教員免許状（alternative certificate）」を授与する制度[7]を認可する州が増えているが、安直な教員不足解消策である。力量ある教員を養成する充実した教員養成の制度を拡充整備することこそが本道である。

おわりに
　現代のアメリカでは、連邦や州は教育スタンダードを示すことで学校教育や教員の評価と改編を進めながら、アカウンタビリティに結びつく具体的な方策を教員や学校の自由競争に委ねてきた。しかしその結果、学校が抱える複雑な事情や教育における不平等は拡大こそすれ縮小されてきているとは思えない。なぜなら、アメリカでは、優秀な教員はより良い雇用条件や充実した教育環境を求めて積極的に異動あるいは転職をするからである。結果として、貧困層や教育困難校の子どもたちとその家族・地域は社会的弱者として取り残されることになる。教育改善が競争原理に依拠して行われる限り、さらなる格差の拡大につながるのである。

2　イギリス

はじめに
　イギリス（本節では特にイングランドに焦点を当てて論じる）の教員養成では、高等教育機関の教員養成課程を経るか、学士取得者が1年の教職専門課程を経ることで初等・中等学校での正教員としての資格が得られる[8]。保育者養成課程については2000年代以降、それまでの200を超えるとも言われる資格の統合と整理を行うため、制度改革が重ねられた。本節ではまずイギリスの保育者資格についての概要を示し、ついで保育者に求められる基準を紹介し、最後にイギリスにおける保育者資格の課題について確認しておく。

1　イギリスの保育者資格と保育施設
　まずイギリスの幼児教育・保育に携わる資格として、最も資格要件が高く、社会的にも認知されているものが、学校の正教員としての資格、QTS（Qualified

Teacher Status）である。この QTS には学校種による区別はないため、QTS 保持者は幼児教育にも初等教育にも携わることができる。

　そして幼児教育に限定した資格として、QTS と同等に「教師」としての地位が与えられるものが、乳幼児期教員（Early Years Teacher Status：EYTS）である。EYTS は保育・就学前教育の専門性こそが保育の質の向上には必要であるとの提言に基づき創設された資格である。さらに EYTS に比べると業務制限が設けられるものの、EYTS と同時に創設された保育実践者として必要な資格が乳幼児期教育者（Early Years Educator：EYE）である。

　これらの資格はもう 1 つの側面からみられる必要があるのだが、それは職業としての「レベル」である。イギリスの職業における「レベル」は全国共通の、職業横断的な職業技能に関するもので、その取得内容の難易度によって「レベル」が決められる。EYTS は lever 6 であり、EYE は level 3 である[9]。

　これらの資格を持つ保育者は、小学校に併設されるレセプション・クラス（4 歳児のための就学前準備クラス）や、保育学校／保育学級（ナーサリースクール／クラス）などで幼児教育を担当することができる。イギリスでは 2 歳児の無償化対象児では72％が就園しており、3 歳児、4 歳児では90％以上が週15時間の無償化保育を受けているとされる[10]。保育学級には早いところでは 2 歳児から通えるのだが、3 歳未満児の保育には level 3 でも全面的に関わることができる。一方で、レセプション・クラスや保育学級では、3 歳以上の子どもに直接働きかけるクラス担任としての業務が可能になるのは level 6 以上とされ、level 6 の保育者がいるかいないかで、保育者 1 人当たりの子どもの数も異なる（level 6 がいれば保育者 1 人：子ども13人まで、いない場合は保育者 1 人：子ども 8 人まで、かつ level 3 の保育者が少なくとも 1 人はいなければならない）。

　イギリスではこの他にもプレイグループ（親などが運営）や、チャイルドマインディング（家庭的保育）、ナニー（子守りな保育）など、学校以外の場所でも保育が行われるが、これらの保育者についても EYFS（Early Years Foundation Stage）という乳幼児期保育の基準を遵守する必要があり、教育水準局（Office for Standards in Education, Children's Services and Skills：Ofsted）への登録が進められた。またチャイルドマインダーを含む学齢未満児を在籍させるすべての保育事業者（ベビーシッター、ナニー、Au paris を除く）は Ofsted による監査を受け、その結果は Web 上に公開される。

2 イギリスの保育者の遵守すべき基準

　イギリスで幼児教育に関わる教師に求められる基準は「教師の基準——乳幼児期〔Teacher's Standard (Early Years)〕」に示されているが、その序文には以下の内容が見られる。

- ・EYTS は乳幼児に対する教育と養護を行う。
- ・EYTS（資格）は、教育と養護を行い、誕生から幼児期の終わりまでの実践におけるすべての基準に適合すると判断された、学士に与えられる。
- ・EYTS には、乳幼児期の子どもの発達についての優れた知識をもつこと、その知識と技術を更新し続け、自己反省できることが求められる。

表13-1　イギリスの幼児教育者／保育所に求められる基準

	EYT はしなければならない。
1	全ての子どもに、活気を与え、動機付けし、チャレンジする高い期待を設定する。
	・子どもが自信を持ち、学び、成長することができる、安全で魅力的な環境を構成し、維持すること、など3項目。
2	子どもの良い成長と成果を促進すること。
	・乳幼児がどのように学び、発達するかについての知識と理解を示す、など7項目。
3	幼児期の学びや EYFS についての適切な知識を示すこと。
	・乳幼児期の発達と、それが学校での順調な学びと発達にどう繋がるかについての確かな知識を持っている、など5項目。
4	全ての子どものニーズを引き受ける保育（教育と養護）を計画すること。
	・子どもの発達と学びを観察・評価し、これを次の段階の計画に用いること、など5項目。
5	全ての子どもの力とニーズに応じて、保育（教育と養護）を適合させること。
	・どのようなことが子どもの学びや発達を抑制するのか、またそれらにどのように最もよく対処するのかについての確実な理解を持っている、など5項目。
6	評価を正確かつ生産的に利用すること。
	・法令上の評価基準を含む、EYFS の枠組みの中で評価を理解し行う、など3項目。
7	子どもの福祉を守り、促進し、安全な学びの環境を提供する。
	・子どもの福祉を守り、促進するため、健康と安全についての法令上の基準や手引きを知っており、実践する、など3項目。
8	さらに幅広い職業上の責任を果たすこと。
	・機会の平等と、差別に反対する実践を促進すること、など7項目。

出所）National College for Teaching & Leadership, *Teacher's Standards (Early Years) From September 2013.*

そしてその後にEYTSとしての義務が述べられる。その内容を整理したものが、**表13-1**である。

お わ り に
──イギリスの保育職における課題──

イギリスの保育職の課題として楠、山本が共通してあげるのがQTSとEYTSの実質的な処遇の格差である。QTSと同等の処遇として創設されたはずのEYTSだが、実際にはQTSより劣る処遇が与えられ、EYTSの養成コースも目標の養成数を大幅に下回っているとされる。質の高い保育者を養成し、保育の質の向上を図ろうとする思惑も順調にはいかず、2016年の報告で私立園等では3、4歳児の50％がEYTSやそれに準じる教員のいない施設に通っている。

また山本によれば、高いレベルの保育者を配置しようとする国の政策とは裏腹に、保育現場の経営者はそれほど高いレベルの保育者を求めていないことも課題となっている。高いレベルの保育者の養成・配置が保育の質の向上に関係するとされているものの、資格をめぐる政策、現場、進学希望者の思惑は一致しない。

このような状況は、イギリスに限ったことではない。日本の保育者養成と保育者の配置は、さらに難しい局面にあるともいえる。しかしながら、イギリスでは国を挙げての改革の試みが奏功している部分もあり、日本においても保育の質の向上にむけた養成教育の再構築が求められるところである。[11]

３　フランス

1　フランスの保育士制度

フランスにおいては、3歳からは就学率100％の保育学校（école maternelle）が存在する。0歳から2歳までは保育施設（crèche）に子どもをあずける場合もある。ゆえに、3歳以上は保育学校教諭が教育を担当する。フランスに幼保一元化の問題は存在しない。保育士の仕事は0 〜 2歳児の担当となるので、教育よりは養護の要素が高くなる。ゆえに、看護系の資格となる。フランスの保育施設は大きくわけると「個別的受け入れ」と「集団的受け入れ」に分けられる。前者は、保育ママ（assistantes maternelles）[12]が子どもの受け入れを担当す

ることもある。後者は保育士（puércultrices）や保育補助士（auxiliares du puérculitrices）が担当する。保育士の仕事としては、集団的受け入れの保育所で働くこともあり、また家庭を訪問する仕事もある。フランスの保育関係の資格制度は複雑である。所長になるにはそのための資格が要求される。資格のレベルによって給与などの待遇にも反映される。[13]

2　フランスの教員制度

　フランスでは、保育学校・小学校が「初等教育」として、教員免許も共通である。コレージュ・リセも「中等教育」として教員免許が共通である。教員養成は学士号を取得したあとに、国立教職・教育高等学院（Institut Nationale Supérieure du Professorat et de l'Éducation, 以下、"INSPE"）において修士課程で行われる。INSPE の入学は書類選考（学士課程での成績、履歴書、動機書など）によって行われる。初等教員になるには、フランス語、数学、歴史学、地理学、科学、教育科学などの学士号を取得していることが、例えば歴史・地理科中等教員になるには、歴史または地理の学士号を取得していることが選考上有利になる。INSPE では 2 年間で修士号を取得して、採用試験を受験することができる。

　以下、主として初等教員養成についてとりあげる。INSPE のカリキュラムは採用試験と教員スタンダード[14]を考慮して INSPE ごとに作成される。日本のように必要な単位数が法令で決められてはいない。

　教員養成課程の学修の少なくとも 55% 以上は知識（読み、書き、計算などの）、20% 以上は多面的な学習、教育方法、学級経営に、10% 以上は研究に割り当てられるとされ、「教科」「教職」の分類でいうと教科に関する学修に多くの時間がかけられている。

　教員採用試験は第一次（筆記）、第二次（口述）の 2 段階でおこなわれる。

　なお、採用試験の受験資格は INSPE の 2 年目で取得するのが多数派であるが、初等教員の場合、他にも以下の条件を満たせば受験できる規則となっている。

　　　・他の修士課程 2 年修了者、2 年次在籍者
　　　・3 名以上の子育て経験者
　　　・スポーツに高い成績をあげた者
　　　・5 年以上の私企業経験者

　・学士号をもち、公的部門で 3 年以上働いた者

　大学から大学院に進学してすぐ教師になる者もいれば、そうでない者もいる。他の職業経験者などに門戸は開かれているとはいえるが、いずれにせよINSPE 出身者と同一の試験は課せられる。

　小学校教員採用の場合、第 1 次試験では、フランス語、算数、選択（科学とテクノロジー、歴史・地理・道徳市民、芸術から）に関する試験がある（各 3 時間）。初等教員として仕事ができるだけのフランス語・数学を中心とした教科の能力が問われ、さらに学習をすすめ継続させるための展開を提起することができる能力が問われる。

　第 2 次試験では、口述試験であるがやはり知識の有無が中心となる。面接の受け答えを通して「わかりやすく説明する能力」もみられる。授業に関する試験（1 時間）で、教育方法およびフランス語・算数の知識がとわれる。やりとりに関する試験（1 時間 5 分）では、第一部、体育に関して（30 分）と、第二部は志望動機および学校生活における場面に関する質疑（35 分）が問われる。第二部において志望動機とは「採用試験をうけるに至るまで」を説明する（どのような研究をしたか、実習ではどうあったかなど）ことを求める。場面に関する質疑は「共和国の価値」（たとえば、差別の禁止、男女平等などの）にもとづいた法令上ただしい指導についてを尋ねるものである。「人物重視」という面接ではない。

　なお、初等教員養成カリキュラムも採用試験も、保育学校よりは小学校に関する内容が多数を占める。保育学校では、子どもに服を着せる、寝かしつける、おやつを配膳する、教材（紙、絵の具、筆など）の準備など担当する保育学校補助員（Agent territorial spécialisé des écoles maternelles, ATSEM）が配置される。

　2021 年では、初等教員採用試験は 8694 人分のポストに対して、第一次試験受験者は 2 万 6657 人、第一次試験合格者は 1 万 4016 人、第二次試験合格者は 8294人であり、合格率は 31 ％であった。中等教員採用試験は第一次受験者は 1 万7253 人、第一次試験合格者は 9410 人、第二次試験合格者は 5203 人であり、合格率は 30 ％であった。最近倍率は若干さがっている傾向にあるうえ、「教師不足」が意識されているところもある。

3　フランスの教員をめぐる動向

　フランスは「資格社会」であり、高い資格を持っていることが給与などの高待遇を受けるのは当然と考えられている。初等・中等教員になるには、高校卒

業（バカロレア取得）後最低5年の学修が必要であり、フランス社会において「高学歴」であるとはいえる。フランスの初等中等教員の仕事は「授業をすること」が第一である。中等学校であれば、生徒指導専門員（conseiller principal d'éducation, CPE）は別に配置される。日本の部活動にそのままあたるものは存在しない。フランスの学校は夏休みが約2カ月、9月の新学期からも7週間学習し2週間休むというサイクルを繰り返すので、一年のうち約4カ月は休みとなる。休みが長いこともあるせいか、フランスの教員給与は「高学歴」であるわりに、他の修士号が要求される職業ほどは高くない。フランスの小学校では昼休みは2時間程度とられることがあるが、昼休みは教師にとっても「休み」時間であり、給食や子どもが休み時間に遊ぶ時間における指導は市町村が雇用している別の職員の担当である。教師の労働時間を遵守するために、学校の役割分業システムがとられている。[15]

4　ドイツ

1　保育・教育をめぐるドイツの現状

表13-2　合計特殊出生率の国別比較

国名	合計特殊出生率（2005年）	合計特殊出生率（2020年）
ドイツ	1.34	1.53
フランス	1.94	1.83
日本	1.26	1.33

出所）ドイツ及びフランスについてはEurostat（https://ec.europa.eu/eurostat/databrowser/view/tps00199/default/table?lang=en）、日本については厚生労働省（https://www.mhlw.go.jp/toukei/saikin/hw/jinkou/kakutei20/di/02_kek23.pdf）を2023年1月2日最終確認。

ドイツは、日本と同様に、少子化という課題を抱えている国として知られている（表13-2）。2005年の時点でドイツの合計特殊出生率は1.34であり、この数字はその年のEU平均（1.51）を大きく下回っていた。その後、2020年の時点では1.53に回復し、EU平均（1.50）をわずかに上回ったものの、合計特殊出生率が安定して高い隣国フランスとは大きな差がある。それはなぜだろうか。

内閣府経済社会総合研究所の報告書「フランスとドイツの家庭生活調査」（2005年）では、フランスに比べてドイツの出生率が低い理由として、「保育サービスの不足」「給食なしの半日制の学校制度」「性別役割分業意識の強さ」の3

つの要因が挙げられている。ドイツは、日本ほどではないにせよ、フランスに比べて「子どもが小さいうちは母親は家にいるべきだ」「夫には収入を得る責任がある」という価値観を持つ人が多い。そのため、保育・教育についても母親が家庭で責任をもって行うべきだという発想が旧西ドイツ圏では強く、保育施設の整備も遅れていた。[16] しかし、近年、「保育サービスの不足」「給食なしの半日制の学校制度」という状況は見直され、男女共同参画へ向けて保育・教育環境が整備されつつある。

　また、少子化という課題を乗り越えるためにも、ドイツでは移民の受け入れをより積極的に行っている。2020年の時点で 5 歳以下の子どものうち40.3％が移民の背景を持っており、[17] そのうち特にドイツ語のできない子どもへの保育・教育の充実や支援が求められている。

2　ドイツの保育と保育者制度

　ドイツのすべての就学前施設（幼稚園を含む）は、原則として「保育、教育及び子どもの世話」を行う福祉施設として位置づけられている。保育施設は、昼間施設（Tageseinrichtung）と昼間個別保育（Kindertagespflege）に大きく分けられる。これらの施設では、早朝や夜間に保育が行われることもある。

　昼間施設は以下の 4 つに分類される。

　　① キタ（Kindertagesstтäте の略称 Kita）
　　　　ドイツで最も一般的な保育施設であり、保育所、幼稚園、学童保育の機能を兼ねる。ただし、幼稚園対象年齢の子どもだけを預かる場合などもあり、いろいろな運営形態がある。
　　② 保育所（Krippe）：3 才未満の乳幼児を対象とした施設。
　　③ 幼稚園（Kindergarten）：3 ～ 6 歳の就学前の幼児を対象とした施設。
　　④ 学童保育(Hort)：学校に通う14歳までの児童を対象とした施設。ただし、初等教育機関である基礎学校に通う子どもを対象としていることが多い。

　他に、昼間個別保育がある。これは日本の家庭的保育に似た制度で、保育ママ・パパ（Tagesmutter/Tagesvater）が自らの住まいを開放したり、子どもの住まいを訪問したりして、少人数の子どもを保育している。

　近年、3 歳未満の保育施設の利用率が上昇している。2006年には13.6％だっ

たが、2020年には35.0％に増加した。3歳以上の利用率もやや増え、2022年は92.5％である。[18] ドイツの場合、利用率に関しては、3歳未満児、3歳以上児ともに日本とそれほどの差はない。

ドイツでは、保育従事者は学校教育ではなく社会教育あるいは社会福祉の担い手とみなされている。そのため、学校教師職（Lehrer[in]）とは切り離され、従来、大学での保育者養成はほとんど行われていなかった。保育従事者は、有資格者の場合には専門学校で取得できる「保育者（Erzieher[in]）」の資格を持っていることが多い。他に下位資格である「保育補助員（Kinderpfleger[in]）」等もあるが、専門的な職業教育を受けていないことが多い。大学で養成される「社会教育者（Sozialpädagoge/-pädagogin）」等の資格を持っているケースもあり、以前と比べれば学士号を持つ保育者が増えているが、2018年3月時点で6％弱と低水準にとどまっている。[19] そのため、政府は保育者の資質向上を図るために、大学での保育者養成に力を入れている。

ドイツでは、オールタナティブな保育・教育実践が盛んに行われている。シュタイナーの理念のもとで展開されているヴァルドルフ教育、教具を使用し子どもたちの敏感期（発達に最も適した時期）に働きかけることを大切にするモンテッソーリ教育、小屋のような施設しか持たず1日中屋外で活動をする「森の幼稚園（自然幼稚園とも呼ばれる）」などがある。このうち、ヴァルドルフ教育については、ドイツが世界で最も盛んであり、591の幼稚園と250の初等・中等教育学校が設立されている。[20] また、モンテッソーリ教育についても、数多くのキタ学校、学童保育などが設置されている。[21] ヴァルドルフ教育やモンテッソーリ教育は、独自の保育者・教員の養成システムを持つなど、大きなネットワークを形成している。

3　ドイツの教育と教員制度

ドイツは、16の州からなる連邦共和国である。そのため保育・教育行政では州政府の権限が強く、必要があれば常設各州文部大臣会議等で政策の調整が図られている。例えば、日本の学習指導要領にあたる教育計画も州ごとに策定されているし、中等教育機関の名称にも違いが見られる。

ドイツでは、複線型の教育システムが採用されている。初等教育では通常、4年制の基礎学校に通うのだが、児童とその保護者は、基礎学校を修了する10歳の時点での能力や適性に応じて、どの中等教育機関に進学するのかを決定し

なければならない。中等教育機関は主に、① 大学進学希望者が進む 8 ～ 9 年制のギムナジウム、② 職業教育を受けながら進学を目指す 6 年制の実科学校、③ 卒業後に就職し就職先で職業訓練を受ける場合が多い 5 年制のハウプトシューレ、の 3 つに分けられる。早い時点での進路選択を求められる分岐型の教育システムについては以前から賛否両論がある。そのため、中等教育の入り口にあたる第 5・第 6 学年を進路変更が可能な期間とするなど、徐々に柔軟な制度へと移行はしているものの、本質的な改革は先送りされている。

　21 世紀のドイツの教育は「PISA ショック」とともに幕を開けた。2000 年の第 1 回調査において、読解力で 31 カ国中 21 位など、ドイツの成績は低迷し、社会全体に衝撃を与えた。その最大の原因は成績下位層の多さだった。例えば読解力でレベル 1 未満の生徒は OECD 平均で 6.8％だったのに対し、ドイツの場合には 13％もいた。社会階層の低い生徒や移民背景をもつ生徒の成績の多くが低学力にとどまっている実態が明らかになった。また、ギムナジウムの生徒とハウプトシューレの生徒の得点差などから、学校種間での格差が著しいことが分かった。その後の教育政策では、このような格差をどのようにして是正するのかが課題となっている。この課題に対処する際にまず見直しを求められたのが、昼食前に授業が終わる伝統的な半日制のスタイルであった。現在、多くの学校では、子どもたちが学校や学校と連携した施設で午後も過ごす終日制を採用するようになっている。[22]

　最後に、教職について説明しておきたい。ドイツの教員は学習指導を主な業務としており、日本のように生徒指導などのその他の業務に長い時間を費やすことはない。免許状の種類は、基礎学校、ハウプトシューレ及び実科学校、ギムナジウム、職業教育諸学校、特別支援学校といった学校種ごとであり、教科種での区別はない。教員養成は、各州の教員採用見込み者数に応じて教職履修者数が制限される仕組みとなっている。ヨーロッパでは 1999 年のボローニャ・プロセス（高等教育機関での学位授与に関する基準を統一するための、ヨーロッパ諸国間での合意）以降、各国で学士の制度が導入され、学士／修士の段階的学修システムへと移行している。その結果ドイツでも、学士／修士課程の修了（4 ～ 5 年間）後に、試補勤務（1 ～ 2 年間）と国家試験を経て教員になるという制度へと移行している州も多い。

注

1）初等・中等教育を K-12（幼稚園〜高校 3 年生）と呼び、そのうち 9 年間（7〜16歳）を義務教育と定める州が多い。学校段階の区切りは、5 - 3 - 4 制と 6 - 2 - 4 制が主流である。また、幼稚園（kindergarten）の 1 年間を就学前準備教育として義務化する州が増加している。

2）The Praxis Tests 等の民間団体が実施する学力・指導力テスト。

3）教員パフォーマンス・テスト（edTPA）や指導技術・知識評価テスト（Educating All Students）など。

4）Bureau of Labor Statistics, Occupational Employment Statistics and Wage Statistics, May 2021.（https://www.bls.gov/oes/current/oes_stru.htm 2022年 9 月 5 日最終確認）。

5）National Center for Education Statistics, Estimated average annual salary of teachers in public elementary and secondary schools, by state: Selected years, 1969-70 through 2020-21.（https://nces.ed.gov/programs/digest/d21/tables/dt21_211.60.asp 2022年 9 月 5 日最終確認）。

6）学校選択を推進する非営利組織、EdChoice の調査によると、2021年秋には米国の55歳未満の教員の約半数が離職を検討したという。Public Opinion Tracker: Teacher Survey Top Takeaways Q 4 2021（https://www.edchoice.org/engage/public-opinion-tracker-teacher-survey-top-takeaways-q 4 -2021/ 2022年 9 月 5 日最終確認）。

7）代替的教員養成プログラムをオンラインで提供する「教師の卓越性の資格認定全米委員会（the American Board for the Certification of Teacher Excellence)」、代替的資格教員を学校に派遣する「ティーチ・フォー・アメリカ（Teach for America)」の活動などが全国的に知られている。

8）イギリスの教員養成における教育実習の期間は概して長く、初等教員の 4 年制の養成課程では32週以上、初等教員の教職専門課程では18週以上の実習が必要となる。また養成課程の変化については『教育と教職のフロンティア』p.127を参照。

9）日本の資格を相当させると、level 6 の保育者は幼免一種と同程度、level 3 は高卒程度の学歴であるとされる。

10）イギリスの義務教育は、日本より 1 年早く 5 歳児から開始する。だが実際には多くの子どもが 4 歳からレセプション・クラスで読み書きを学んでいる。

11）椨によれば、高いレベルの資格を持つ保育者がいる施設ほど、監査結果が高いという（椨瑞希子「イングランドの ECEC（第 5 回 ECEC 研究会講義録 1 、https://www.blog.crn.or.jp/lab/01/93.html、2018年11月 1 日最終確認）。

12）なお、保育ママの多数派は女性であり、ここでも女性名詞で記述している。男性も少数ながらいるので、「保育ワーカー」と訳すべきという見方もある。保育士、保育補助士も多数派は女性である。

13）大津尚志「フランスの保育者資格制度と養成」（伊藤良高編『教育と福祉の課題』晃洋書房、2014年、pp. 107-115）を参照のこと。

14）Référentiel des compétences professionnelles des métiers du professorat et de l'éducation, B.O. no.30, 2013, 邦語文献としては、上原秀一「フランス」（大杉昭英（代表者）『諸外国における教員の資質・能力のスタンダード』国立教育政策研究所、2017年、pp. 25-35）がある。

15）藤原文雄編『世界の学校と教職員の働き方』学事出版、2018年を参照のこと。

16）東ドイツでは、社会主義国家として女性の社会進出が進んでいたし、育児の際にも公設の保育所が無料で利用できた。保育サービスの多様性はなかったが、女性が安心して仕事と家庭を両立させるための環境は、かなり整えられていた。

17）Bundeszentrale für politische Bildung, Bevölkerung mit Migrationshintergrund nach Alter, 2022年1月1日（https://www.bpb.de/kurz-knapp/zahlen-und-fakten/soziale-situation-in-deutschland/150599/bevoelkerung-mit-migrationshintergrund-nach-alter/ 2023年1月2日最終確認）。

18）Bundeszentrale für politische Bildung, Kinder in Tagesbetreuung, 2021年3月23日（https://www.bpb.de/kurz-knapp/zahlen-und-fakten/soziale-situation-in-deutschland/61615/kinder-in-tagesbetreuung/　2023年1月2日最終確認）。

19）Statistisches Bundesamt, Statistiken der Kinder-und Jugendhilfe: Kinder und tätige Personen in Tageseinrichtungen und in öffentlich geförderter Kindertagespflege am 01.03.2021（https://www.destatis.de/DE/Themen/Gesellschaft-Umwelt/Soziales/Kindertagesbetreuung/Publikationen/Downloads-Kindertagesbetreuung/tageseinrichtungen-kindertagespflege-5225402217004.pdf?_blob=publicationFile　2023年1月2日最終確認）。

20）Freunde der Erziehungskunst Rudolf Steiners, Waldolf World List（2019年末月）（http://www.freunde-waldorf.de/fileadmin/user_upload/images/Waldorf_World_List/Waldorf_World_List.pdf　2023年1月2日最終確認）。なお、シュタイナーとモンテッソーリの思想の詳細については、以下の書籍などを参照。石村華代、軽部勝一郎編『教育の歴史と思想』、ミネルヴァ書房、2013年。

21）Montessori Dachverband Deutschland e.V.（http://www.montessori-deutschland.de/einrichtungen.html　2023年1月2日最終確認）。

22）久田敏彦監修、ドイツ教授学研究会編『PISA 後の教育をどうとらえるか』八千代出版、2013年。

参考文献

赤星晋作『アメリカの学校教育――教育思潮・制度・教師――』学文社、2017年。
アメリカ教育学会『現代アメリカ教育ハンドブック〔第2版〕』東信堂、2021年。
泉千勢編『なぜ世界の幼児教育・保育を学ぶのか――子どもの豊かな育ちを保障するために――』ミネルヴァ書房、2017年。
上原秀一「フランスにおける教育哲学と教員養成」林泰成ほか編『教員養成を哲学する』東信堂、2014年、263-276頁。
ウェンディ・コップ『世界を変える教室――ティーチ・フォー・アメリカの革命――』英治出版、2012年。
OECD『OECD 保育白書』星三和子、首藤美香子、大和洋子、一見真理子訳、明石書店、2011年。
大津尚志・松原勝敏「フランス保守政権下の教員養成制度と教員に求められる能力」フランス教育学会編『現代フランスの教育改革』明石書店、2018年、214-237頁。
厚生労働省 HP『諸外国における保育の質の捉え方・示し方に関する研究会（保育の質に関する基本的な考え方や具体的な捉え方・示し方に関する調査研究事業)』より、淀川由美「(2) 英国（主にイングランド)」(pp.38-63)、シードプランニング、2019年（https://www.mhlw.go.jp/content/11907000000533050.pdf　2022年10月27日最終確認)。
齋藤純子「ドイツの保育制度――拡充の歩みと展望――」『レファレンス』2011年2月号（http://www.ndl.go.jp/jp/diet/publication/refer/pdf/072102.pdf　2018年10月21日最終確認)。
坂野慎二『統一ドイツ教育の多様性と質保証――日本への示唆――』東信堂、2017年。
鈴木大裕『崩壊するアメリカの公教育――日本への警告――』岩波書店、2016年。
園山大祐監修・監訳『教師の社会学』勁草書房、2022年。
椨瑞希子「イギリスにおける保育無償化政策の展開と課題」『保育学研究』第55巻第2号、2017年、132-143頁。
Department for Education (U.K.), *Teachers' Standard* (*Early Years*), 2013.
服部憲児『フランスの教員養成制度と近年の改革動向』ジーアス教育新社、2022年。
山本睦「イギリスの保育者資格制度改革後の現状と課題」『常葉大学保育学部紀要』第4号、2017年、49-60頁。
リンダ・ダーリング-ハモンド他『よい教師をすべての教室へ――専門職としての教師に必須の知識とその習得――』新曜社、2009年。

索　　引

《執筆者紹介》（執筆順、＊は編者）

＊伊藤良高　奥付参照 …………………………………… はしがき、第1章、第2章、第10章

＊橋本一雄　奥付参照 …………………………………………………………… 第3章、第4章

＊香﨑智郁代　奥付参照 ……………………………………………………………… 第5章、第6章

＊大津尚志　奥付参照 …………………………………… 第7章、コラム4、第13章3

青木研作　東京成徳大学子ども学部教授 ………………………………………… 第8章

池上徹　関西福祉科学大学健康福祉学部准教授 ……………………………… コラム1

三成由美　中村学園大学栄養科学部特任教授、学長補佐 ………………… コラム2

永野典詞　九州ルーテル学院大学人文学部教授 ……………………………… 第9章

下坂剛　四国大学生活科学部准教授 …………………………………………… 第11章

鶴宏史　武庫川女子大学教育学部教授 ………………………………… コラム3

竹下徹　周南公立大学福祉情報学部准教授 ………………………… 第12章

岡田愛　立正大学仏教学部准教授 ……………………………………… 第13章1

柴田賢一　常葉大学保育学部教授 ……………………………………… 第13章2

石村華代　大分県立芸術文化短期大学准教授 ……………………… 第13章4

《編者略歴》

伊藤良高（いとう よしたか）
　1985年　名古屋大学大学院教育学研究科博士後期課程単位認定退学
　現　在　熊本学園大学社会福祉学部教授、桜山保育園理事長、博士（教育学）
　著　書　『増補版　幼児教育行政学』（晃洋書房、2018）
　　　　　『教育と福祉の基本問題』（編著、晃洋書房、2018）
　　　　　『保育制度学』（晃洋書房、2022年）、他

大津尚志（おおつ　たかし）
　1999年　東京大学大学院教育学研究科博士後期課程単位取得退学
　現　在　武庫川女子大学学校教育センター准教授、修士（教育学）
　著　書　『フランスのバカロレアにみる論述型大学入試に向けた思考力・表現力の育
　　　　　成』（共著、ミネルヴァ書房、2020年）
　　　　　『諸外国の道徳教育の動向と展望』（共著、学文社、2021年）
　　　　　『校則を考える』（晃洋書房、2021年）、他

香﨑智郁代（こうざき　ちかよ）
　2014年　熊本学園大学大学院社会福祉学研究科博士後期課程修了
　現　在　九州ルーテル学院大学人文学部准教授、博士（社会福祉学）
　著　書　『福祉教科書　保育士　完全合格問題集2018年版』（共著、翔泳社、2017）、
　　　　　『保育・幼児教育のフロンティア』（共編著、晃洋書房、2018）
　　　　　『乳児保育のフロンティア』（共著、晃洋書房、2018）、他

橋本一雄（はしもと　かずお）
　2014年　九州大学大学院比較社会文化学府博士後期課程単位修得退学
　現　在　中村学園大学短期大学部准教授、修士（法学）
　著　書　『憲法問題のソリューション』（共著、日本評論社、2021）
　　　　　『教育と教職のフロンティア』（共著、晃洋書房、2021）
　　　　　『新版　保育・幼児教育のフロンティア』（共著、晃洋書房、2022）、他

改訂版
保育者・教師のフロンティア

2023年4月10日　初版第1刷発行　　　＊定価はカバーに
　　　　　　　　　　　　　　　　　　　表示してあります

　　　　　　　　　　　　　　　伊　藤　良　高
　　　　　　編　者　　　　　　大　津　尚　志　Ⓒ
　　　　　　　　　　　　　　　香　﨑　智郁代
　　　　　　　　　　　　　　　橋　本　一　雄

　　　　　　発行者　　　　　　萩　原　淳　平

　　　　　　印刷者　　　　　　河　野　俊一郎

　　　　　　発行所　株式会社　晃　洋　書　房
　　　　〒615-0026　京都市右京区西院北矢掛町7番地
　　　　　　　　　　電話　075（312）0788番（代）
　　　　　　　　　　振替口座　01040-6-32280

装丁　クリエイティブ・コンセプト　　印刷・製本　西濃印刷㈱
ISBN 978-4-7710-3744-1

伊藤良高 編集代表
2023年版 ポケット教育小六法

新書判 340頁
定価 1,430円（税込）

伊藤良高 著
保　育　制　度　学

Ａ５判 160頁
定価 1,980円（税込）

伊藤良高・宮﨑由紀子・香﨑智郁代・橋本一雄・岡田　愛 編
新版 保育・幼児教育のフロンティア

Ａ５判 190頁
定価 2,200円（税込）

伊藤良高・岡田　愛・荒井英治郎 編
教育と教職のフロンティア

Ａ５判 154頁
定価 1,870円（税込）

伊藤良高・永野典詞・三好明夫・下坂　剛 編
改訂新版　子ども家庭福祉のフロンティア

Ａ５判 128頁
定価 1,540円（税込）

伊藤良高・大津尚志・橋本一雄・荒井英治郎 編
新版　教育と法のフロンティア

Ａ５判 144頁
定価 1,650円（税込）

前田麦穂 著
戦 後 日 本 の 教 員 採 用
──試験はなぜ始まり普及したのか──

Ａ５判 192頁
定価 4,180円（税込）

武井哲郎・矢野良晃・橋本あかね 編著
不登校の子どもとフリースクール
──持続可能な居場所づくりのために──

Ａ５判 156頁
定価 2,200円（税込）

小林和雄 著
改訂版　真正の深い学びへの誘い
──「対話指導」と「振り返り指導」から
　　　　　　始める授業づくり──

Ａ５判 126頁
定価 1,870円（税込）

KEL 教育おしゃべり会 編
文科省は、イジメを解決できるか？
──民間教育白書──

Ａ５判 114頁
定価 1,100円（税込）

══════ 晃 洋 書 房 ══════